MATEO

GUÍA DEL LÍDER
MINISTERIO DE ESGRIMA BÍBLICO INFANTIL
JUEGOS Y ACTIVIDADES

MINISTERIO DE ESGRIMA
BÍBLICO INFANTIL

Región Mesoamérica

NIÑOS
PRIMERO

Ministerio de Esgrima Bíblico Infantil, Juegos Y Actividades - Mateo

Publicado por: Ministerios de Discipulado de la Región de Mesoamérica

www.discipulado.MesoamericaRegion.org

www.MieddRecursos.MesoamericaRegion.org

ISBN: 978-1-63580-082-1

Todos los versículos de las Escrituras que se citan son de la Biblia NVI a menos que se indique lo contrario.

Adaptado por: Pamela Vargas Castillo, con amor para los niños de la Iglesia del Nazareno

Impreso en los Estados Unidos

ÍNDICE

INDICACIONES GENERALES

¿QUÉ ES EL MEBI?

Este ministerio es parte del discipulado de los niños en la iglesia local. La visión de MEBI se dirige hacia la preparación de nuestros niños en su vida como discípulos de Jesús fundamentando toda su enseñanza en la Palabra de Dios.

Creemos firmemente que "instruir al niño en su camino" (Proverbios 22:6) es un mandato apremiante que el Señor nos da, especialmente en nuestras sociedades tan convulsionadas, en las que fácilmente nuestros niños están muriendo –literal y espiritualmente. Confiamos que conforme a esta enseñanza vivencial del MEBI, los niños "no se apartarán del camino correcto" aun cuando dejen su infancia atrás.

El planteamiento dinámico y atractivo que presenta este ministerio, ha hecho que los niños y demás personas participantes, atesoren con mayor fuerza y profundidad el contenido bíblico estudiado. La mayor parte de los juegos han sido adecuados para la demostración entre equipos en función de temas y estudios específicos. Por la experiencia vivida a lo largo de varios años, hemos podido observar cómo los integrantes de estos equipos han crecido en estatura, conocimiento y sabiduría. Es por ello que le animamos a conocer más de este ministerio y a explorar su organización.

¿PARA QUÉ ME SIRVE?

Para ayudar a los niños a estudiar la Biblia en una forma integral y atractiva orientándoles hacia la aplicación práctica en su vida diaria. Como parte integral de su discipulado desde la niñez se les trasmite el deseo de escudriñar la Biblia y aprender de ella, y adquirir conocimiento de la Palabra. Además, los prepara para un ministerio dentro de la iglesia local. MEBI provee un ambiente adecuado para que cada niño y niña descubra, fundamentado en la Biblia, que Dios le prepara y le hace útil para su servicio y, a la vez, motivándolo al trabajo en equipo.

¿PUEDO ORGANIZAR UN EQUIPO EN MI IGLESIA LOCAL?

Claro que sí. A continuación, se establece la forma de organización de MEBI, la inscripción y participación en los eventos locales o entre iglesias. Año con año se establece un tema de estudio. Puede buscar más información en la página www.regionmesoamerica.org de la Iglesia del Nazareno, o comunicarte con los líderes de área, distrito y/o zona.

¿CÓMO PREPARO A LOS NIÑOS?

La Biblia que se utilizará para la memorización de versículos, lecturas y palabras específicas es la Reina Valera 1960 (RV60). Para adecuar la enseñanza y para profundizar más en el estudio se puede (y debe) recurrir a otras versiones de la Biblia y comentarios. Debe establecerse un tiempo de ensayo y estudio con el equipo. El estudio debe considerar el tema asignado para el esgrima bíblico.

Para estudiar mejor el tema puede dividirse en capítulos o en eventos específicos. Hemos preparado un Cuestionario, que le guiará en este proceso, el cual se incluye en documento separado. Inicie con la lectura de eventos, discútalos haciendo preguntas de memoria sobre situaciones, personajes, lugares y nombres. Explique datos que motiven la curiosidad del equipo en cuanto a costumbres, significado de objetos o ritos y otras características interesantes que complementen y aclaren el texto y contexto leído. Elabore listados de palabras, nombres, lugares, objetos, animales. Averigüe en cuáles otros libros de la Biblia se mencionan los personajes principales. Haga que los niños memoricen exactamente los textos principales. Ayude a los niños a memorizar eventos y secuencias de las historias, en forma no textual. De esta forma lo podrán relatar lo más completo posible. Es necesario ayudarles a recordar datos importantes. Guiarlos para que descubran individualmente y en equipo la enseñanza de Dios para su vida.

ESTA GUÍA DE ESTUDIO PUEDE AYUDAR EN LOS SIGUIENTES TEMAS:

- ¿Cómo surge este(os) personaje(s)?
- ¿Con quiénes se relaciona?
- ¿Dónde se desarrolla la historia?
- ¿Cómo obra Dios en sus vidas?
- ¿Cuál es el motivo por el cual se encuentra esta historia en la Biblia?
- ¿Cómo se relaciona este pasaje a Cristo y por ende a la salvación?
- Toma cada historia y tráela al tiempo actual. ¿Cómo lo harías?
- ¿Qué valores se encuentran en la historia?
- ¿Qué lugares se mencionan? Ubícalos en un mapa.
- ¿Cómo son los personajes?
- ¿Qué características tienen?
- ¿Qué cosas se destacaban en la cultura y se necesitan investigar (animales, artesanías, ritos o costumbres)?

ADEMÁS:

Invite a maestros de Escuela Dominical y/o personas que tengan estudios teológicos para que impartan lecciones respecto al tema y aclaren dudas.

Motive a los hermanos de la iglesia para que apoyen al equipo, en la composición de la letra y música del canto, porra, poema, distintivo y en los ensayos.

Practique cada competencia únicamente después de haber estudiado y aclarado el tema considerablemente.

Recuerde que es importante establecer las habilidades en las que mejor se desenvuelve el niño.

CATEGORÍAS

El MEBI se divide en cinco categorías, a continuación, se detallan:

1. **Categoría de Memorización:** en objetivo de esta categoría es ayudar al niño a memorizar la biblia de forma dinámica y atractiva.

   *Durante una demostración distrital, de zona, regional, etc., deben realizarse **tres** juegos de memorización; los niños sabrán los juegos únicamente el día de la demostración.*

2. **Categoría de Reflexión:** El objetivo de esta categoría es motivar al niño y a la niña a la lectura reflexiva de la Biblia, en cuanto a las enseñanzas espirituales que contiene y el contexto (histórico, cultural, idiomático, etc.) en el que se desenvuelve.

   *Durante una demostración distrital, de zona, regional, etc., deben realizarse **dos** juegos de reflexión; los niños sabrán los juegos únicamente el día de la demostración.*

3. **Categoría de arte manual:** En esta categoría el objetivo es desarrollar en el niño y la niña las habilidades con las que puedan representar los conocimientos bíblicos aprendidos a través del arte manual.

   *Durante una demostración distrital, de zona, regional, etc., deben realizarse **un** juego de arte manual; los niños sabrán el juego únicamente el día de la demostración.*

4. **Categoría de actuación:** En esta categoría el objetivo es el de desarrollar en el niño y la niña la habilidad de expresar con su cuerpo un mensaje espiritual que conlleva el estudio de la Palabra de Dios.

   *Durante una demostración distrital, de zona, regional, etc., deben realizarse **un** juego de actuación; los niños sabrán el juego únicamente el día de la demostración.*

5. **Categoría de música:** En esta categoría el objetivo es facilitar al niño y a la niña por medio de la música y el canto la alabanza a Dios con conocimiento y entendimiento.

   *Durante una demostración distrital, de zona, regional, etc., deben realizarse **un** juego de música; los niños sabrán el juego únicamente el día de la demostración.*

ADEMÁS:

Cada equipo debe preparar,

Un nombre para el equipo el cual deberá estar basado en el tema de estudio, se debe presentar de forma creativa y tendrá un valor de 10 puntos.

Un distintivo algo que identifique al equipo, puede ser una playera, una gorra, un uniforme, etc. la presentación de su distintivo y el distintivo como tal tendrán un valor de 10 puntos.

Una mascota la cual de preferencia debe ser un animalito que esté relacionado con el tema del estudio y que contenga una enseñanza bíblica, el disfraz debe ser creativo y la presentación de la mascota tiene un valor de 20 puntos.

Una porra, esta deberá basarse en el tema de estudio y el nombre del equipo, no debe contener palabras ni ideas ofensivas hacia los otros equipos, su duración máxima es de 1 minuto, y su presentación creativa tendrá un valor de 20 puntos.

GUÍA DE ESTUDIO ANUAL

- MATEO 2018
- HECHOS - 2019
- GENESIS - 2020
- ÉXODO - 2021
- JOSUÉ, JUECES Y RUT - 2022
- 1 Y 2 SAMUEL – 2023
- MATEO - 2024

EVANGELIO DE MATEO

BREVE INTRODUCCIÓN

El Evangelio que lleva el nombre de MATEO –un recaudador de impuestos que abandonó su trabajo para seguir a Jesús (9:9)– fue escrito hacia el 80 d. C. y está dirigido principalmente a los cristianos de origen judío.

Dado el carácter de los destinatarios, Mateo cita con frecuencia textos del Antiguo Testamento y se apoya en ellos para mostrar que el designio de Dios anunciado por los Profetas alcanza su pleno cumplimiento en la persona y la obra de Jesús. Él es el «Hijo de David», el «Enviado» para salvar a su Pueblo, el «Hijo del hombre» que habrá de manifestarse como Juez universal, el «Rey de Israel» y el «Hijo de Dios» por excelencia. Mateo también aplica a Jesús en forma explícita los oráculos de Isaías sobre el «Servidor sufriente», que carga sobre sí nuestras debilidades y dolencias. Y al darle el título de «Señor», reservado sólo a Dios en el Antiguo Testamento, afirma implícitamente su condición divina.

Este evangelista atribuye una especial importancia a las enseñanzas de Jesús y las agrupa en cinco discursos, que forman como la trama de su Evangelio y están encuadrados por otras tantas secciones narrativas. El tema central de estos discursos es el Reino de Dios. En ellos, Cristo aparece como «el nuevo Moisés», que lleva a su plenitud la Ley de la Antigua Alianza. También es el «Maestro», que enseña «como quien tiene autoridad» (7:29) la «justicia» de ese Reino inaugurado y proclamado por él.

El Evangelio de Mateo ha sido llamado con razón «el Evangelio de la Iglesia», por el papel preponderante que ocupa en él la vida y la organización de la comunidad congregada en nombre de Jesús. Esta comunidad es el nuevo Pueblo de Dios, el lugar donde el Señor resucitado manifiesta su presencia y la irradia a todos los hombres. Por eso ella está llamada a vivir en el amor fraterno y el servicio mutuo, como condiciones indispensables para hacer visible el verdadero rostro de Jesucristo.

y dijo: De cierto os digo, que, si no os volvéis y os hacéis como niños, no entraréis en el reino de los cielos.
Mateo 18:3

CATEGORÍA DE MEMORIZACIÓN

DIME LA RESPUESTA

PUNTAJE	TIEMPO	PARTICIPANTES	MODALIDAD
20 PUNTOS x respuesta correcta	1 minuto	2 por equipo	Un equipo a la vez

Las preguntas consisten en una serie de cuatro características que describen un tema o personaje bíblico. Las características van en orden y relacionadas entre sí. El moderador debe contar con dos preguntas por cada equipo participante. Cada participante tiene derecho a contestar una sola pregunta sin consultar con su compañero. El participante tiene un minuto para dar la respuesta. Si la respuesta es correcta, el moderador dice CORRECTA y los jueces otorgan 20 puntos al equipo (por cada respuesta). Si la respuesta no es correcta o no es contestada en el tiempo determinado, pierde su oportunidad y el moderador da la respuesta correcta, (no se le otorgan puntos para el equipo). El moderador continúa con el participante del otro equipo, es decir, que se alterna la participación de los equipos, con uno a la vez.

INFRACCIÓN: Si un juez observa que alguno de los participantes consulta con su equipo o el público presente dice en voz alta alguna respuesta, lo indica al momento para que el moderador anule la pregunta y le planteé otra. Si en esta misma competencia, ya se le hubiere llamado la atención a este mismo respecto, se anula la pregunta y pierde su oportunidad.

EJEMPLOS:

Estoy desposada con José y soy la madre de Jesús ¿Quién soy? R/ María (Mateo 1:18)	Vimos la estrella del rey de los judíos en el oriente, y fuimos adorarle ¿Quiénes somos? R/ Unos magos (Mateo 2:1-2)	Somos los presentes que llevaron los magos cuando fueron a ver a Jesús ¿Qué somos? R/ oro, incienso y mirra (Mateo 2:11)
Somos hermanos y somos pescadores, además, somos hijos de Zebedeo ¿Quiénes somos? R/ Jacobo y Juan (Mateo 4:21)	Me siento en el banco de los tributos públicos y cobro los impuestos ¿Quién soy? R/ Mateo (Mateo 9:9)	Con muy poquito se hizo un gran milagro, Dios obró y a la multitud alimento ¿Qué somos? R/ Cinco panes y dos peces (Mateo 14:17)
Jesús nos preguntó, ¿ustedes quién dicen que soy yo?; yo respondí, Tú eres el Cristo, el Hijo del Dios viviente. ¿Quién soy? R/ Simón Pedro (Mateo 16:16)	Buscamos a Jesús para tentarle, acusarlo y señalarlo ¿Quiénes somos? R/ Los fariseos (Mateo 19:3)	Envolví el cuerpo de Jesús en una sábana limpia y lo puse en un sepulcro nuevo ¿Quién soy? R/ José de Arimatea (Mateo 27:57-60)

ROMPECABEZAS

PUNTAJE	TIEMPO	PARTICIPANTES	MODALIDAD
30 PUNTOS	De acuerdo a quien termine primero	3 por equipo	Simultaneo

Utilice el mismo texto para todos los equipos, seleccione uno del listado sugerido para memorización. El texto debe estar dividido en 9 piezas. Debe tener preparados: una cuchara (servidora, cubierto, sopera) y un limón o una pelota por equipo.

Esta competencia consiste en poner las piezas del rompecabezas en el suelo. Éste al quedar completo debe formar uno de los textos bíblicos que los niños han memorizado. (**Nota:** puede ver la lista de textos a memorizar al final del folleto)

Los participantes se colocan uno detrás de otro a tres metros de distancia del rompecabezas. El primer participante toma una cuchara y se la pone en la boca sosteniendo el limón o pelota con la cuchara en la boca. Cuando llega al rompecabezas deja la cuchara y el limón o pelota a un lado y coloca una pieza del rompecabezas en forma horizontal. El niño toma nuevamente la cuchara y el limón camina hasta el siguiente participante y le entrega el limón o pelota pasándola con la cuchara hacia la cuchara del compañero; éste repite la misma acción, y así hasta que el rompecabezas quede terminado. (Si el niño bota la cuchara o el limón, debe retornar al punto de partida e iniciar el recorrido.

Es permitida la consulta, únicamente entre los 3 participantes.

Los equipos participantes comienzan al mismo tiempo. Y el que finaliza primero determina el tiempo; si está correcto es el ganador de los 30 puntos. Si hubiese empate entre equipos, se otorgan los 30 puntos a cada uno de los equipos participantes.

INFRACCIÓN: Si algún juez observa que alguno de los niños sujeta el limón o la cuchara con la mano. O si botase la cuchara o el limón y continúa sin retornar a su lugar de partida, debe indicarlo en el momento al moderador, y éste regresa al niño al lugar de partida, para reiniciar el recorrido.

Si alguno de los participantes coloca más de una pieza del rompecabezas, el juez lo indica al moderador, y éste quita una de las piezas del rompecabezas devolviéndola al lugar donde están las otras para escoger.

Desde entonces	**comenzó Jesús**	**a predicar,**
y a decir:	**Arrepentíos**	**porque el reino**
de los cielos	**Se ha acercado.**	**Mateo 4:17**

CRUCIGRAMA

PUNTAJE	TIEMPO	PARTICIPANTES	MODALIDAD
10 PUNTOS x Respuesta correcta	5 minutos	3 por equipo	Simultaneo

Una copia del mismo crucigrama por cada equipo participante y un lápiz por equipo; a cada equipo se le entrega un crucigrama de 6 u 8 preguntas. Se le asignan cinco minutos para contestarlo. Los equipos deben entregar su crucigrama en ese tiempo. Al finalizar los cinco minutos, si no han terminado, se otorga la puntuación a las respuestas correctas. Esto quiere decir: se le otorgan 10 puntos por respuesta correcta. La consulta es permitida solamente entre los 3 participantes del equipo.

INFRACCIÓN: Si hubiese consulta con el adiestrador o con los niños del equipo que no están participando, el juez lo indica al moderador y éste anula el crucigrama del equipo, eliminando con ello su participación en este juego únicamente

EJEMPLO: Basado en Mateo, capitulo 4

Horizontal:

1. ¿Cantidad de días y noches que ayunó Jesús? **R/Cuarenta**
2. ¿En qué parte del templo puso el diablo a Jesús? **R/Pináculo**
3. ¿Dónde echaban Pedro y Andrés la red? **R/Mar**
4. ¿Quiénes llegaron cuando el diablo le dejó? **R/Ángeles**

Vertical:

5. ¿Qué remendaban Jacobo y Juan? **R/Redes**
6. ¿En qué le dijo el tentador a Jesús que convirtiera las piedras? **R/Pan**
7. ¿Qué eran Pedro y Andrés? **R/Pescadores**
8. ¿A dónde volvió Jesús cuando oyó que Juan estaba preso? **R/Galilea**

COMPLETAR

PUNTAJE	TIEMPO	PARTICIPANTES	MODALIDAD
10 PUNTOS	5 minutos	1 por equipo	Un equipo a la vez

Para este juego se requiere una pizarra o pliego de papel bond, un marcador o yeso (tiza), un dibujo dividido en 5 piezas para armar y un listado de palabras con igual número de letras a encontrar (un mínimo de 6 letras y un máximo de 12), una palabra por equipo participante y algunas adicionales.

Se colocan en una pizarra tantos espacios como letras tenga la palabra a descubrir (este juego se basa en el juego ahorcado). Se especifica un sub-tema, relacionado con la palabra. Por ejemplo: Lugares, enseñanzas, objetos, características, etc.

El participante debe ir mencionando letras para completar la palabra. Cuenta con 5 segundos para dar una letra. Si se pasa de este tiempo sin decir la letra es considerada error. Si acierta con la letra correcta, ésta se escribe tantas veces como aparezca en la palabra. Si no acierta, se considera error y la letra es anotada a la vista del participante como ayuda para no repetirla.

Si al llenar ciertos espacios descubre la palabra escondida puede decirla; si ésta no fuere la correcta se considera como error. El participante tiene cinco oportunidades de error. Estas oportunidades se visualizan con el dibujo de 5 piezas para armar, las que se colocan una a una cada vez que se incurra en un error. Si el participante no descubre la palabra, al finalizar estas oportunidades, el dibujo se completa y el moderador dice la palabra por lo que el equipo no obtiene puntos. No está permitida la consulta.

INFRACCIÓN: Si el participante consulta con otro, o el público presente dice en voz alta alguna respuesta, el juez lo indica al moderador y éste anula la palabra a completar, dándole otra si es la primera vez. Si en la segunda oportunidad se repite esta infracción, se anuncia la reincidencia y se anula la palabra a completar, eliminando con ello su participación en este juego únicamente.

EJEMPLO: Al Participante del equipo "A" le corresponde la categoría "Personajes", el moderador coloca en la pizarra la siguiente cantidad de guiones...

_ _ _ _ _ _ _

El participante menciona la vocal "A" la cual se encuentra en la palabra, por lo que el moderador procede a colocar la letra.

_ _ A _ _ _ _

El participante menciona la consonante "M" la cual se encuentra en la palabra, por lo que el moderador procede a colocar la letra.

_ M A _ _ _ _

El participante menciona la consonante **"R"** la cual NO se encuentra en la palabra, por lo que el moderador procede a colocar la letra a un lado de la palabra para que el participante no la repita; también añade una pieza al dibujo.

_ M A _ _ _ _   R

El juego termina cuando el niño/niña complete la palabra, entonces ganará los 10 puntos para su equipo, o si completa primero el dibujo (5 errores) entonces no ganará ningún punteo.

Sub tema: Personajes							
1	2	3	4	5	6	7	Cita
E	M	A	N	U	E	L	1:23
H	E	R	O	D	E	S	2:13
Z	E	B	E	D	E	O	4:21
Z	A	B	U	L	Ó	N	4:15
N	E	F	T	A	L	Í	4:15

Sub tema: Lugares							
1	2	3	4	5	6	7	Cita
N	A	Z	A	R	E	T	2:23
G	A	L	I	L	E	A	2:22
B	E	T	F	A	G	É	21:1
B	E	T	A	N	I	A	21:17
G	Ó	L	G	O	T	A	27:33

Sub tema: Objetos								
1	2	3	4	5	6	7	8	Cita
E	S	T	R	E	L	L	A	2:7
I	N	C	I	E	N	S	O	2:11
T	E	S	O	R	O	S		6:20
M	O	S	T	A	Z	A		13:31
E	S	P	I	N	O	S		13:7

Sub tema: Animales							
1	2	3	4	5	6	7	Cita
P	A	L	O	M	A		3:16
C	A	M	E	L	L	O	3:4
V	I	B	O	R	A	S	3:7
O	V	E	J	A	S		10:16
P	O	L	L	I	N	O	21:2

SOPA DE LETRAS

PUNTAJE	TIEMPO	PARTICIPANTES	MODALIDAD
5 PUNTOS x respuesta correcta	7 minutos	2 por equipo	Simultaneo

Una papeleta con un recuadro en el que se escriben las letras para que aparezcan revueltas a los participantes. Las papeletas deben tener diez palabras a descubrir (igual copia por equipo).

El moderador tiene preparadas un mayor número de papeletas en relación a los equipos participantes. Simultáneamente se dan las papeletas a cada equipo.

Cada equipo debe descubrir qué palabras aparecen en forma horizontal, vertical, diagonal, de arriba abajo, de izquierda a derecha o viceversa. La consulta será únicamente entre ambos participantes del equipo. Las palabras son encerradas con una línea por cada equipo y se anotan a la par.

El equipo que termine corre hacia uno de los jueces y la presenta para revisión (se anota el tiempo). Si el juez observa que está correcta, lo anuncia al moderador. Se detiene la competencia y uno de los participantes leen el listado en voz alta y gana los 40 puntos. Si la papeleta que lleva el equipo al juez para su revisión, está incorrecta en alguna (s) palabra (s), éste se limitará a decir incorrecta y el equipo seguirá buscando las palabras.

Tiempo máximo para esta competencia 7 minutos. Si durante el tiempo establecido no termina ningún equipo, se califica de acuerdo a las respuestas correctas (esto quiere decir 5 puntos por respuesta correcta).

INFRACCIÓN: Si consultan con otros fuera de la pareja participante, el juez lo indica al moderador y se les cambia la papeleta. No se le da tiempo de reposición.

EJEMPLO: Basado en Mateo 10:1-4

T	O	M	Á	S	R	E	J	V	A	T	J
C	A	S	T	I	R	O	A	U	F	R	U
A	E	L	E	F	S	S	C	L	A	O	D
M	E	A	P	E	D	R	O	A	M	N	A
I	M	D	R	L	E	L	B	Y	P	A	S
L	O	O	A	I	V	L	O	N	A	F	R
O	L	S	U	P	A	N	T	S	T	E	I
S	O	I	I	E	A	I	O	Ñ	O	S	O
A	T	V	E	M	I	S	E	R	D	N	A
N	R	A	R	E	O	S	T	D	A	V	M
T	A	D	E	O	D	N	A	I	D	B	A
O	B	J	L	E	B	A	M	O	L	A	S

T	O	M	Á	S	R	E	J	V	A	T	J
C	A	S	T	I	R	O	A	U	F	R	U
A	E	L	E	F	S	S	C	L	A	O	D
M	E	A	P	E	D	R	O	A	M	N	A
I	M	D	R	L	E	L	B	Y	P	A	S
L	O	O	A	I	V	L	O	N	A	F	R
O	L	S	U	P	A	N	T	S	T	E	I
S	O	I	I	E	A	I	O	Ñ	O	S	O
A	T	V	E	M	I	S	E	R	D	N	A
N	R	A	R	E	O	S	T	D	A	V	M
T	A	D	E	O	D	N	A	I	D	B	A
O	B	J	L	E	B	A	M	O	L	A	S

PALABRA MÁGICA

PUNTAJE	TIEMPO	PARTICIPANTES	MODALIDAD
10 PUNTOS	1 minutos	1 por equipo	Simultaneo

Previamente se deben preparar 2 juegos de palabras diferentes. Cada juego de palabras debe tener una por cada equipo a participar. Un marcador o yeso (tiza) para cada uno. En la pared, pizarrón o mesa se colocan las palabras cubiertas, cuyas letras están desordenadas. Se descubre simultáneamente para cada equipo. La palabra no debe ser igual.

La búsqueda comienza a partir de la estrellita indicada y el participante debe trazar una línea en cualquier sentido, incluso en diagonal, para unir las letras y encontrar la palabra. Al encontrarla, la escribe a la par o debajo.

Tiempo máximo: un minuto para descubrirla. Gana el primer equipo que la descubra correcta y completamente. Si hubiese empate, se le otorga puntaje igual a cada equipo. Si un equipo la descubre, pero está incorrecta, el juez que revisa lo indica y este equipo pierde inmediatamente y se continúa el juego con el resto de los participantes.

Si ninguno de los equipos logra descubrirla se quedan sin puntos.

NOTA: El juez debe anotar el tiempo de cada papeleta entregada, en caso de que hayan desacuerdos por qué equipo termino primero.

INFRACCIÓN: Si los presentes dicen la palabra en voz alta, el juez lo indica. Este juego se anula, y ningún equipo obtiene puntos.

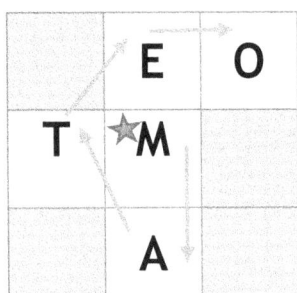

Mateo

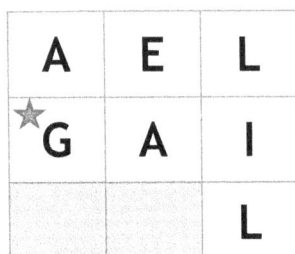

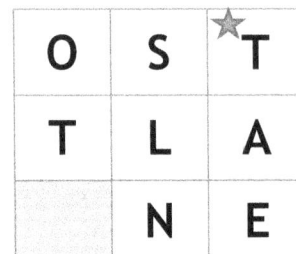

GEOGRAFÍA BÍBLICA

PUNTAJE	TIEMPO	PARTICIPANTES	MODALIDAD
5 PUNTOS x nombre correcto	Lo que dure la lectura	3 por equipo	Simultaneo

Para este juego se requiere un mapa adecuado al tema estudiado, tamaño máximo hoja carta (8.5 x 11 pulgadas), un marcador o lapicero y 2 pasajes bíblicos previamente preparados o señalados en la Biblia.

A cada equipo se le proporciona un mapa. Se da lectura al pasaje bíblico y el equipo debe ir marcando los lugares que se mencionan en la lectura. No se repite la lectura, ni se aceptan preguntas o interrupciones. Los participantes del mismo equipo pueden consultarse entre sí en voz baja. Al terminarse la lectura, los jueces revisan los mapas. Se otorgan 5 puntos cada lugar del mapa señalado correctamente.

INFRACCIÓN: Se considera infracción la interrupción a la lectura con preguntas, solicitudes, levantarse de su lugar o consultarse entre sí en voz alta o con otro fuera de los 3 participantes. Si hubiese alguna de estas faltas, el juez lo indica al moderador para que éste llame la atención al respecto una sola vez. Si se repite en una segunda ocasión, se suspende este juego y se anula la participación del equipo en cuestión, descontándosele 20 puntos, y el resto de los equipos participantes siguen con la lectura bíblica.

EJEMPLO: Basado en Mateo 21:1-17

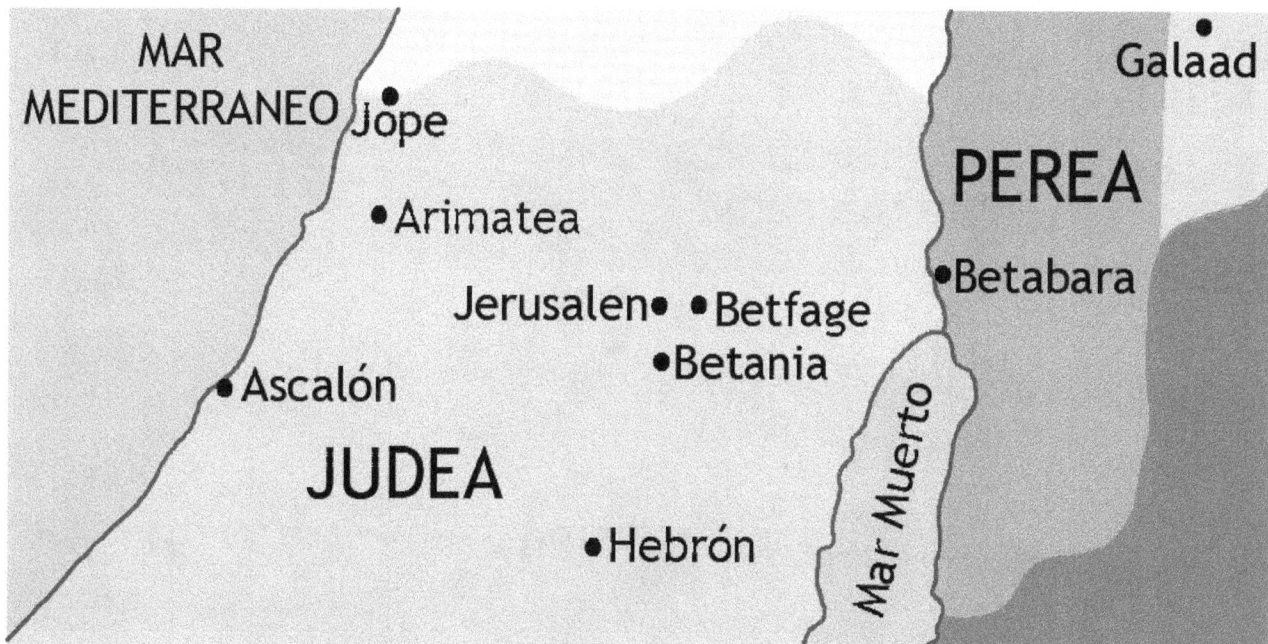

GEOGRAFÍA BÍBLICA, BASADA EN MATEO 21:1-17

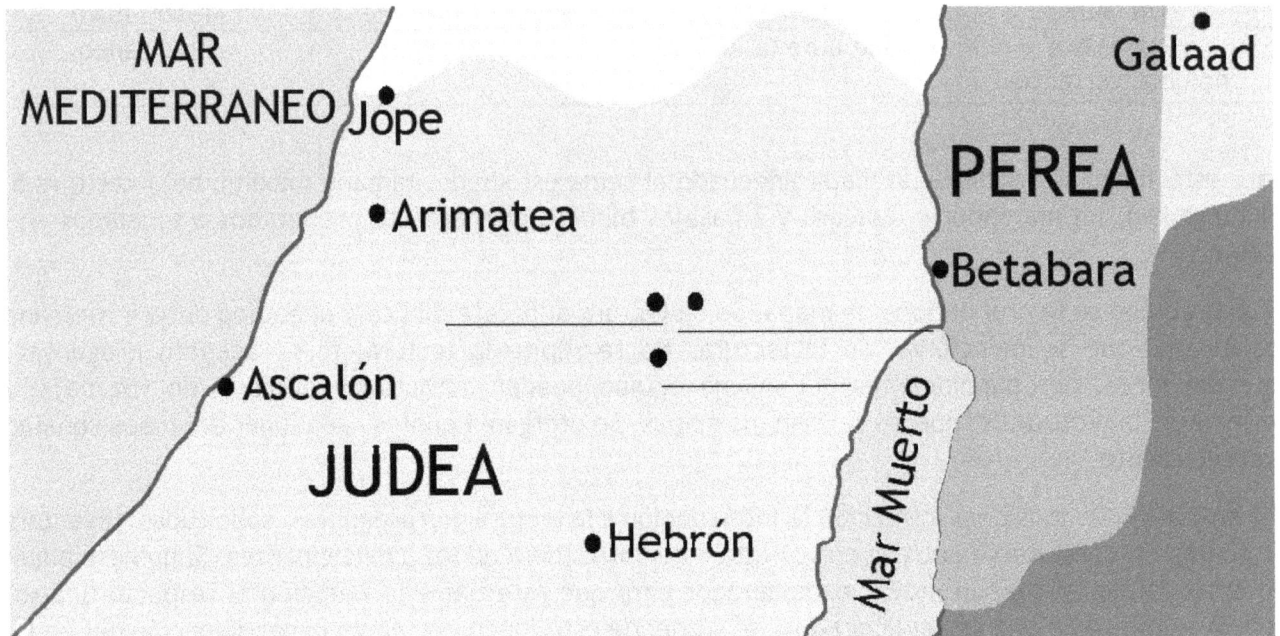

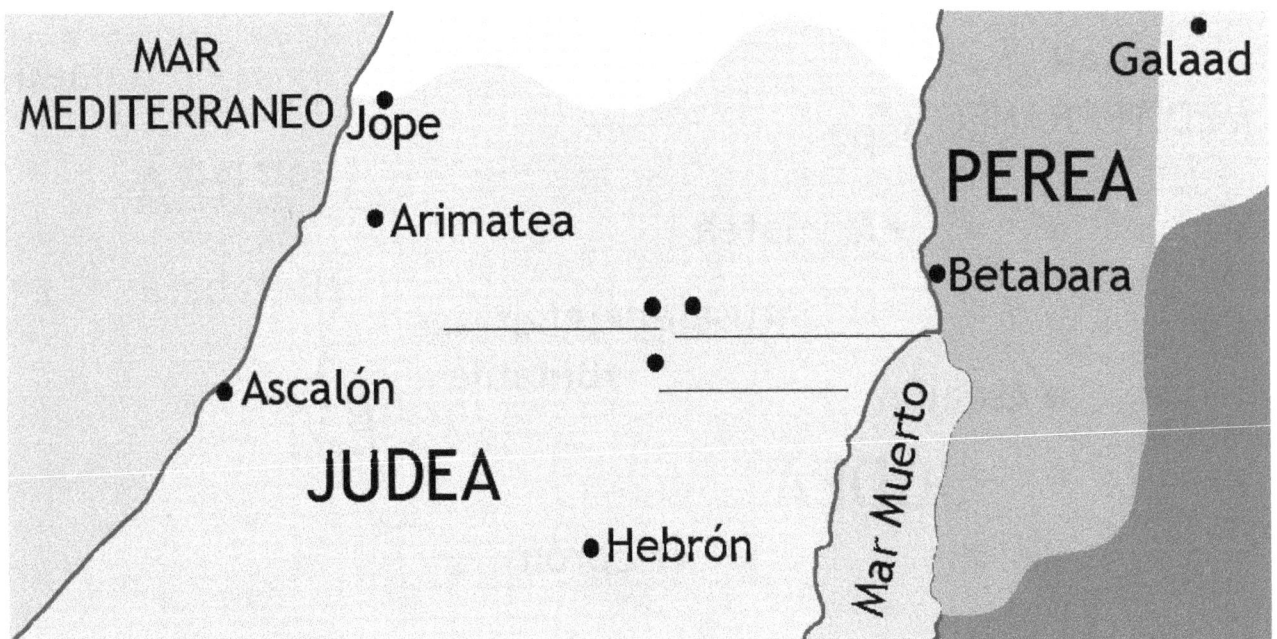

MAR
MEDITERRANEO Jope

• Arimatea

• Ascalón

JUDEA

• Hebrón

Mar Muerto

PEREA

• Betabara

Galaad

GEOGRAFÍA BÍBLICA, BASADA EN MATEO 21:1-17

MAR
MEDITERRANEO Jope

• Arimatea

• Ascalón

JUDEA

• Hebrón

Mar Muerto

PEREA

• Betabara

Galaad

TERMINE LA HISTORIA

PUNTAJE	TIEMPO	PARTICIPANTES	MODALIDAD
30 PUNTOS	1 minuto	3 por equipo	Un equipo a la vez

El moderador tiene un listado de pasajes bíblicos para su lectura, de acuerdo al número de equipos participantes. Los pasajes bíblicos no deben ser iguales, pero deben tener similar extensión. El moderador inicia con la lectura del pasaje bíblico (uno por equipo). En el momento en que uno de los tres participantes del equipo descubre a qué pasaje se refiere, interrumpe al moderador (levantándose de su lugar) para continuar con la narración. El tiempo se empieza a marcar en el momento que el moderador inicia la lectura y se detiene al levantarse el participante. Los jueces anotan este tiempo. El moderador indica al participante que finalice la historia; tiene 1 minuto para hacerlo. Al finalizar los jueces anuncian si es correcto y el tiempo obtenido. Si no es correcto, se limita a decir INCORRECTO. Si los 2 ó 3 participantes del equipo se levantan al mismo tiempo, inmediatamente se sientan dejando participar a uno solo. El moderador repite el procedimiento con otro pasaje para el equipo siguiente.

NOTA: Gana el equipo que acierte con el final de la historia en el menor tiempo transcurrido durante la lectura que haga el moderador. Así el participante podrá dar más datos del relato. La consulta entre los 3 participantes del equipo es permitida, pero en voz baja. El juez de tiempo deberá estar muy pendiente de cada participante para anotar minutos y segundos en que inicia el niño o la niña y su término.

La consulta entre los 3 participantes del equipo es permitida, pero en voz baja.

INFRACCIÓN: Si uno de los participantes se levanta de su lugar, pero olvida continuar con la historia se le dan 15 segundos para que inicie la respuesta. Si se queda callado o se vuelve a sentar, el juez indica al moderador INCORRECTO, finalizando la participación de ese equipo en esta competencia.

- El sermón del monte 5:1-12
- Elección de los doce apóstoles 10:1-15
- Parábola del sembrador 13:1-13
- La entrada triunfal en Jerusalén 21:1-11
- Parábola de los talentos 25:14-30
- Crucifixión y muerte de Jesús 27:35-50
- La resurrección, 28:1-10

SECUENCIA DE LETRAS

PUNTAJE	TIEMPO	PARTICIPANTES	MODALIDAD
30 PUNTOS	1 minuto	3 por equipo	Simultaneo

El moderador presenta en sobres cerrados categoría (personajes, lugares, objetos, animales, misceláneos) y una vocal base para cada equipo participante. El moderador coloca la categoría y la vocal en la pizarra de acuerdo a cada equipo y le proporciona un marcador a cada equipo. Los equipos participan simultáneamente escribiendo un listado de palabras relacionadas a la categoría seleccionada. Los 3 participantes formarán una fila a tres metros de distancia de la pizarra, el primer participante se dirige a la pizarra y escribe una palabra, luego retorna a la fila y entrega el marcador al siguiente participante. Éste escribe la segunda palabra y así sucesivamente hasta que termine el tiempo de un minuto. La dificultad del juego consiste en que la vocal que les correspondió debe formar una secuencia (línea vertical) como se muestra en el ejemplo.

El equipo ganador será aquel que escriba más palabras acorde a su categoría y que la vocal correspondiente forme la línea lo más recta posible.

NOTA: Al momento de dirigirse el participante a la pizarra puede correr o caminar.

INFRACCIÓN: Si el juez observa que están hablando entre los tres participantes de cada equipo, o el público llegara a decir en voz alta alguna palabra, el juez lo indica y quedaría sin puntuación.

Categoría: Personajes - Letra "A"

```
        A
    M   A   T   E   O              /
    M   A   R   Í   A              /
        A   N   D   R   E   S      /
J   U   D   A   S                  /
    J   A   C   O   B   O        X
```

Categoría: Lugares - Letra "I"

```
B   E   T   A   N   I   A
    G   A   L   I   L   E   A          /
        E   G   I   P   T   O          /
    D   E   S   I   E   R   T   O      /
            P   I   N   Á   C   U   L   O   /
D   E   C   A   P   O   L   I   S          X
```

Categoría: Objetos - Letra "E"

```
        E
        E   S   P   I   G   A      /
    P   E   L   O                  /
    M   I   E   L                  /
P   A   N   E   S                  /
    F   U   E   G   O            X
```

Categoría: Animales - Letra "O"

```
            O
    C   E   R   D   O   S              /
C   A   M   E   L   L   O   S          /
            O   V   E   J   A   S      /
    P   A   L   O   M   A              /
S   E   R   P   I   E   N   T   E    X
```

MEMORIA

PUNTAJE	TIEMPO	PARTICIPANTES	MODALIDAD
10 PUNTOS x Respuesta correcta	5 minuto	2 por equipo	Un equipo a la vez

El moderador preparará 16 tarjetas con versículos de memoria. Los textos irán en 8 tarjetas y las citas bíblicas en las otras 8 tarjetas. Cada equipo tendrá 5 minutos para conectar los pares en el piso o la mesa. Si más de un equipo conecta correctamente los 8 pares, al equipo que lo haga en el menor tiempo se le otorgarán 10 puntos de bonificación. El juez también dará puntos a cada equipo: 10 puntos por cada par correcto.

EJEMPLO:

MEBI Sed, pues, vosotros perfectos, como vuestro Padre que está en los cielos es perfecto.	MEBI MATEO 5:48
MEBI y dijo: De cierto os digo, que, si no os volvéis y os hacéis como niños, no entraréis en el reino de los cielos	MEBI MATEO 18:3
MEBI De la higuera aprended la parábola: Cuando ya su rama está tierna, y brotan las hojas, sabéis que el verano está cerca.	MEBI MATEO 24:32

NOTA: puede ver la lista de textos a memorizar al final del folleto.

ALTO (BASTA)

PUNTAJE	TIEMPO	PARTICIPANTES	MODALIDAD
60 PUNTOS	2 minutos	1 por equipo	Simultaneo

El moderador presenta una papeleta con los siguientes títulos: LETRA, NOMBRE DE PERSONA, OBJETO, ANIMAL o PLANTA, LUGAR y TOTAL. El moderador exclama comenzando con la letra "A" en voz alta y luego continúa el abecedario en voz baja; un juez dirá ¡ALTO O BASTA! en un momento determinado (también puede utilizar una ruleta). El moderador dirá la letra a jugar, y ahí empieza el conteo de 2 minutos para contestar.

El niño que termine primero su papeleta deberá decir en voz alta ¡ALTO! o ¡BASTA!; los participantes de los demás equipos ya no podrán llenar más casillas. Después de jugar las dos letras que se sugieren, los niños entregan sus papeletas; si hay palabras repetidas entre los otros participantes tendrán un valor de 5 puntos, si están correctas y no repetidas tienen un valor de 10 puntos.

NOTA: Se sugieren dos letras a jugar.

INFRACCIÓN: Si el juez ve que un participante sigue llenando su boleta luego de que otro participante haya dicho ¡ALTO! o ¡BASTA! Se les anulan todas las casillas.

EJEMPLO:

Nombre: María Isabel Aldana					**Equipo:** Discípulos de Cristo			
LETRA	**NOMBRE DE PERSONA**	punteo	**OBJETO, ANIMAL O PLANTA**	punteo	**LUGAR**	punteo	**TOTAL**	
T	Tadeo	10	Trigo	5	Tiro	10	25	
M	Mateo	10	Miel	10	Magdala	10	30	
						TOTAL FINAL	55	

Nombre: Alejandra López					**Equipo:** Vamos en la barca con Jesús			
LETRA	**NOMBRE DE PERSONA**	punteo	**OBJETO, ANIMAL O PLANTA**	punteo	**LUGAR**	punteo	**TOTAL**	
T	Tomás	10	Trigo	5		0	15	
M	María	10	Mostaza	10	Mar de Galilea	10	30	
						TOTAL FINAL	45	

Nombre:					**Equipo:**			
LETRA	**NOMBRE DE PERSONA**	punteo	**OBJETO, ANIMAL O PLANTA**	punteo	**LUGAR**	punteo	**TOTAL**	
						TOTAL FINAL		

ESPIONAJE BÍBLICO

PUNTAJE	TIEMPO	PARTICIPANTES	MODALIDAD
20 PUNTOS	-------	2 por equipo	Un equipo a la vez

El moderador prepara un sobre por cada equipo a participar. El sobre tendrá el nombre de un personaje a descubrir en el interior y tendrá el número de participación en el exterior. Los participantes pasarán a tomar el sobre y el juego se inicia con el número 1.

De los dos participantes por equipo, uno será el investigador (se le dará una lupa de cualquier material, para simular ser un investigador) y el otro el respondedor, el investigador hará 5 preguntas, a las cuales el respondedor le dará respuestas cortas SÍ o NO o concretas (una sola palabra). Si al terminar sus 5 preguntas no descubre el personaje, el juez no otorga los puntos, y el moderador da la respuesta correcta en voz alta.

Personaje:

MATEO

Posibles preguntas:
1. ¿Es hombre o mujer? – Hombre
2. ¿Era discípulo de Jesús? – Si
3. ¿Tenía suegra? – No
4. ¿Era pescador? – No
5. ¿Con qué letra empieza su nombre? - M

Personaje:

PEDRO

Posibles preguntas:
1. ¿Es hombre o mujer? – Hombre
2. ¿Era discípulo de Jesús? – Si
3. ¿Tenía un hermano? – Si
4. ¿Era pescador? – Si
5. ¿Su hermano era Jacobo? - No

ESPADA DE DOS FILOS

PUNTAJE	TIEMPO	PARTICIPANTES	MODALIDAD
10 PUNTOS x respuesta correcta	1 minuto por pregunta	1 por equipo	Un equipo a la vez

El moderador deberá elaborar un cuestionario con tres preguntas diferentes para cada participante y lo pondrá en un sobre con número de participación. El participante tomará un sobre y lo entregará al moderador para que efectúe las tres preguntas. Se cuenta un minuto terminando de hacer la primera pregunta, para que el participante conteste.

NOTA: Si el participante en el tiempo determinado no contesta o contesta incorrectamente, el moderador dice la respuesta correcta en voz alta, y el juez no otorga puntos.

EJEMPLO:

SOBRE 1:

1. Las genealogías desde Abraham hasta David son catorce.
   FALSO O VERDADERO   **R/ VERDADERO (1:17)**

2. Juan el Bautista vestía con pelo de borrego y un cinto de langostas en sus lomos.
   FALSO O VERDADERO   **R/ FALSO (3:4)**

3. Simón llamado Pedro y Andrés su hermano, eran hijos de Zebedeo
   FALSO O VERDADERO   **R/ FALSO (4:18-21)**

SOBRE 2:

1. Este pueblo de labios me honra, más su corazón está lejos de mí, fue una profecía de Isaías.
   FALSO O VERDADERO   **R/ VERDADERO (15:8)**

2. Fueron los discípulos los que le preguntaron a Jesús ¿Quién es el mayor en el reino de los cielos?
   FALSO O VERDADERO   **R/ VERDADERO (18:1)**

3. A Judas le entregaron cuarenta monedas de plata por entregar a Jesús.
   FALSO O VERDADERO   **R/ FALSO (26:15)**

EL DADO MANDÓN

PUNTAJE	TIEMPO	PARTICIPANTES	MODALIDAD
20 PUNTOS	30 segundos	1 por equipo	Un equipo a la vez

El moderador prepara un dado al que se le escribirán en dos lados la acción: CANTAR, DECIR UN TEXTO, CARACTERÍSTICAS DE UN PERSONAJE. El moderador da un número de participación para que empiecen los equipos, y así sucesivamente. Si el participante hace correcta la acción, el juez le da 20 puntos.

NOTA: Si el participante en los 30 segundos no hace la acción o se quedará callado, el juez no otorgará la puntuación.

EJEMPLO:

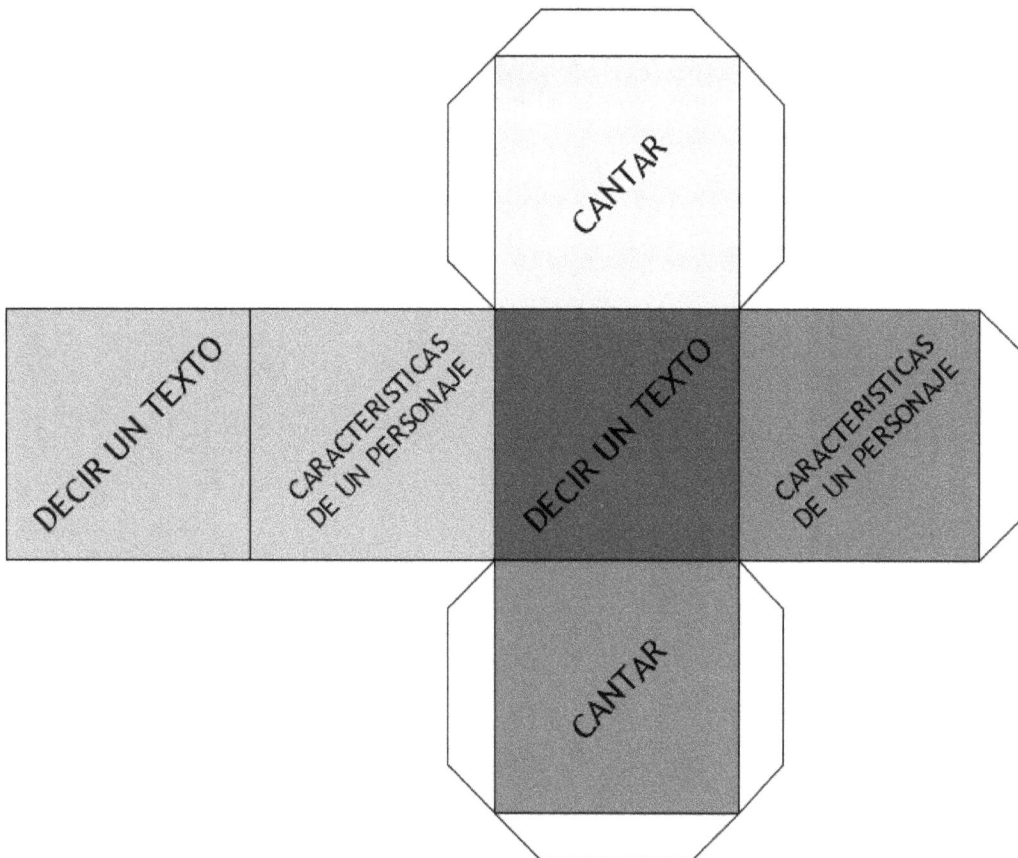

Características de un personaje

PEDRO

Pedro era un hombre pescador que tenía un hermano llamado Andrés, Jesús los encontró en el mar de Galilea y los llamó para ser sus discípulos; Pedro tenía una suegra que estuvo muy enferma con fiebre y Jesús la sanó; él quiso caminar sobre las aguas como Jesús, también creía que Jesús era el Cristo el hijo del Dios viviente, Pedro tenía dificultades para perdonar y para desvelarse; Pedro negó tres veces a Jesús.

EMPAREJADOS (JUEGO NUEVO)

PUNTAJE	TIEMPO	PARTICIPANTES	MODALIDAD
20 PUNTOS	2 minutos	2 por equipo	Simultaneo

El moderador prepara un sobre con tres parejas de personajes para cada equipo; cada pareja de personajes debe tener relación entre sí, por ejemplo: HERMANOS, AMIGOS, AMBOS ESTUVIERON EN UN EVENTO, etc. Se le entrega el sobre a cada equipo y se les da una señal de inicio, a partir de allí se cuentan dos minutos para que los participantes emparejen a sus personajes, al tener las tres parejas armadas deberán decir en voz alta ¡EMPAREJADOS!

El primer equipo en terminar debe explicar a los jueces cuál es la relación que tienen sus personajes, si sus respuestas son correctas, se anotan los puntos; en caso de que una o más no sea correcta, no se les anotan puntos y se cede el turno al equipo que haya dicho ¡EMPAREJADOS! En segundo lugar.

NOTA: En caso de que dos equipos digan ¡EMPAREJADOS! Al mismo tiempo, entonces ambos deberán dar su explicación y si es correcta, se les anota el punteo a ambos equipos.

MATEO — JESÚS
Mateo era un cobrador de impuestos a quién Jesús llamó para que le siguiera y fuese su discípulo.

PEDRO — ANDRÉS
Ambos eran pescadores, eran hermanos y cuando Jesús los encontró estaban pescando en el mar de Galilea.

JACOBO — JUAN
Ambos eran pescadores, eran hermanos, hijos de Zebedeo y Jesús les llamo para ser sus discípulos.

Otras parejas:
María Magdalena y la otra María (27:61, 28:1);
Pilato y Barrabás (27:17);
Jesús y Juan el Bautista (3:13-14)
Jesús y la mujer con el vaso de alabastro (26:7)

PESCADORES (JUEGO NUEVO)

PUNTAJE	TIEMPO	PARTICIPANTES	MODALIDAD
10 PUNTOS	1 minutos	1 por equipo	Un equipo a la vez

Se preparan varias tarjetas en forma de peces, en el reverso se coloca una pista relacionada con algún pasaje en el que hayan tenido que ver PECES, PESCA, PESCADORES, REDES. Los participantes hacen una cola, el primero deberá tomar un pez, leer la pista y su respuesta será una breve explicación del evento y la cita bíblica donde se encuentra.

A partir de que lee su pista, se toma un minuto para dar su respuesta.

INFRACCIÓN: Si el juez ve que el participante consulta con alguien de su equipo, o que alguien del público dice la respuesta en voz alta, se anula su participación y no se le anota punteo.

Jesús dijo que el reino de los cielos es como una red...	**Posible respuesta:** Así mismo el reino de los cielos es semejante a una red, que, echada en el mar, recoge de toda clase de peces; y una vez llena, la sacan a la orilla; y sentados, recogen lo bueno en cestas, y lo malo echan fuera. MATEO 13:47-48
Jesús dijo que ya no pescarían en el mar...	**Posible respuesta:** Andando Jesús junto al mar de Galilea, vio a dos hermanos, Simón, llamado Pedro, y Andrés su hermano, que echaban la red en el mar; porque eran pescadores. Y les dijo: Venid en pos de mí, y os haré pescadores de hombres. Ellos entonces, dejando al instante las redes, le siguieron. MATEO 4:18-20

Otros pasajes relacionados: Mateo 14:17-19; 15:36.

CATEGORÍA DE REFLEXIÓN

CARTÓN LLENO

PUNTAJE	TIEMPO	PARTICIPANTES	MODALIDAD
30 PUNTOS	3 minutos	2 por equipo	Simultanea

El moderador prepara cartones de media carta o ¼ de carta, diferentes para cada participante, los cuales deberán tener en común la última palabra del pasaje bíblico. Se entrega a cada participante su cartón con un bote de frijoles, maíz, botones, tapitas, etc. Cada cartón tiene 9 palabras. El moderador tomará un pasaje bíblico para la lectura, no menos de diez versículos y que no exceda de 3 minutos. El niño deberá escuchar con atención la lectura e irá marcando las palabras que va escuchando. El que llene su cartón primero grita CARTÓN LLENO. Y ahí se detiene el tiempo.

NOTA: Si hubiese empate entre equipos se otorgan 30 puntos a cada uno. Si al terminar la lectura del pasaje, ningún participante llena el cartón nadie obtiene puntos. Si hubiese empate en los 2 participantes del mismo equipo únicamente se dan 30 puntos.

INFRACCIÓN: Si el equipo interrumpe o pregunta en la lectura, los jueces descuentan 2 puntos.

EJEMPLO: Basado en "La Resurrección" – Mateo 28:1-10 (palabra clave: Verán)

REPOSO	MUERTOS	RESUCITADO
ADORARON	MARÍA MAGDALENA	GOZO
ÁNGEL	VERÁN	TERREMOTO

AMANECER	NIEVE	ABRAZARON
GUARDIAS	SEPULCRO	SEÑOR
PIEDRA	VERÁN	RELÁMPAGO

VESTIDO	VERÁN	REPOSO
GALILEA	JESÚS	MUERTOS
ÁNGEL	GOZO	PIES

NIEVE	GOZO	GUARDIAS
¡SALVE!	SEPULCRO	TEMOR
MARÍA MAGDALENA	VERÁN	TERREMOTO

VERÁN	GALILEA	ADORARON
NIEVE	JESÚS	SEPULCRO
TEMOR	CRUCIFICADO	ABRAZARON

¡SALVE!	VERÁN	MUERTOS
DISCÍPULOS	CRUCIFICADO	TEMOR
RESUCITADO	SEPULCRO	JESÚS

LA BIBLIA EN NUESTROS TIEMPOS

PUNTAJE	TIEMPO	PARTICIPANTES	MODALIDAD
30 PUNTOS	3 minutos (2 para consultar la biblia, 1 para narrar)	3 por equipo	Un equipo a la vez

El moderador prepara sobres cerrados que contienen la cita del pasaje bíblico a buscar, diferentes para cada equipo, y el orden de participación. A cada equipo se le dará a escoger un sobre. El equipo cuenta con 2 minutos para consultar la Biblia. Terminado ese tiempo no se permite más la consulta con la Biblia. Entre los 3 participantes determinan el expositor. Equipo por equipo de acuerdo al número de participación, tiene un minuto para narrar el pasaje traído a nuestro tiempo (año actual).

INFRACCIÓN: Si consultan entre los 3 participantes o con el resto del equipo cuando haya terminado el tiempo el juez lo indica, y el moderador anula su participación en este juego.

- El amor hacia los enemigos 5:36-48

- La hija de Jairo y la mujer que tocó el manto de Jesús 9:18-26

- El joven rico 19:16-30

- Parábola de los talentos 25:14-30

- La gran comisión 28:16-20

CASOS

PUNTAJE	TIEMPO	PARTICIPANTES	MODALIDAD
20 PUNTOS	1 minuto	1 por equipo	Un equipo a la vez

El moderador elabora 1 caso de la vida real para cada participante, el cual tendrá 2 textos bíblicos, uno que se relacione con la situación del caso y el otro no tenga relación. Esto los elaborará en tamaño carta visible y pegará en la pizarra a 3 metros de distancia. El moderador dará el número de participación con las fichas o bolas de unicel. El moderador leerá en voz alta el CASO Y LOS TEXTOS. El participante elige cuál texto considera apropiado para el CASO. Plantea y explica el porqué de su elección. Tiene un minuto para dar la respuesta. Si el versículo y la explicación son correctos, el juez dará 20 puntos al equipo. Si el participante elige el verso correcto, pero la explicación es incorrecta, solo obtiene 10 puntos. Si todo es incorrecto, el moderador dirá la respuesta correcta y el equipo no recibirá ningún punto. Luego, el moderador pasará al segundo equipo y al segundo caso de estudio, pasando por el mismo proceso.

INFRACCIÓN: Si el público dice la respuesta en voz alta o tratan de ayudar al participante, el juez lo indica al moderador y se le descuentan 10 puntos al equipo que incurra en esta situación.

EJEMPLOS:

1. **Claudia es una señora mayor de edad; ella ha estado por muchos años enferma, ningún doctor le ha dado tratamiento que la ayude a sanar; en su desesperación ha empezado a buscar a Dios.**

Respuestas:

a) *Pero Jesús, volviéndose y mirándola, dijo: Ten ánimo, hija; tu fe te ha salvado. Y la mujer fue salva desde aquella hora. Mateo 9:22*

b) *Porque todo aquel que hace la voluntad de mi Padre que está en los cielos, ése es mi hermano, y hermana, y madre. Mateo 12:50*

2. **Luis Andrés es un niño muy abusivo; constantemente molesta a otros de sus compañeros de clase, la maestra ha tenido que hablar con sus padres y hacerles ver que todos en el aula están molestos.**

Respuestas:

c) *Y pondrá las ovejas a su derecha, y los cabritos a su izquierda. Mateo 25:33*

d) *Pero yo os digo: Amad a vuestros enemigos, bendecid a los que os maldicen, haced bien a los que os aborrecen, y orad por los que os ultrajan y os persiguen. Mateo 5:44*

SIGUIENDO LAS HUELLAS

PUNTAJE	TIEMPO	PARTICIPANTES	MODALIDAD
60 PUNTOS (5 puntos x respuesta correcta)	30 segundos por respuesta	1 por equipo	Un equipo a la vez

El moderador preparará un cuestionario con 12 preguntas directas y diferentes para cada equipo y lo pondrá en un sobre cerrado y numerado. También elaborará 12 HUELLAS DE PIES de cualquier material y 2 títulos, uno de INICIO, el otro META y una ficha de color para cada equipo. El moderador dice la primera pregunta y el participante tiene 30 segundos para dar la respuesta. Si en el tiempo de 30 segundos no diera la respuesta correcta o se quedará callado, el moderador dirá en voz alta la respuesta y el participante no podrá avanzar. Si el participante diera correctamente la respuesta, colocara su ficha de color sobre la huella 1, irá avanzando de uno en uno hasta llegar a la META.

NOTA: Durante la demostración se quedarán las fichas en el número de pregunta o respuesta en que terminó el niño. No se repite la pregunta.

INFRACCIÓN: Si el público llegara a decir en voz alta la respuesta se le descuentan 10 puntos al equipo que incurra en esta infracción.

SUGERENCIA: Se sugiere no usar el dado ya que se pierde tiempo y seriedad en el juego. Se propone hacer a cada participante 12 preguntas directas e ir avanzando de uno en uno y dar 5 puntos por respuesta correcta. Así cada participante tendrá un puntaje y se reconocerá su conocimiento. Total de puntos 60. Deberá hacer varios cuestionarios diferentes para cada equipo cuando usted realice la pregunta, y si ésta es contestada incorrecta deberá decir la respuesta en voz alta para que el participante sepa cuál era la respuesta.

Claudita del equipo "Pescadores" (rojo) respondió 9 preguntas, se anota 45 puntos

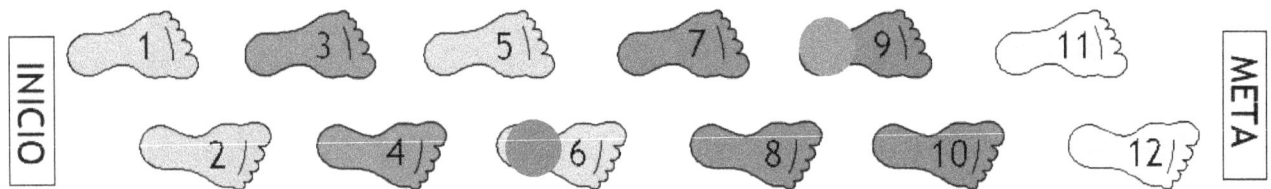

Luis Andrés del equipo "Mateo" (azul) respondió 6 preguntas, se anota 30 puntos

¿QUÉ NOS ENSEÑA?

PUNTAJE	TIEMPO	PARTICIPANTES	MODALIDAD
20 PUNTOS	1 minuto x respuesta	1 por equipo	Un equipo a la vez

El moderador prepara una cita bíblica de un pasaje correspondiente al tema del estudio bíblico, diferentes para cada equipo, así como una hoja con 3 VALORES para cada equipo, en una hoja tamaño carta. El moderador dará el número de participación en un sobre cerrado el cual tendrá el número de versículo a resolver. El moderador leerá en voz alta el versículo y los 3 VALORES. El participante tiene un minuto para relacionar el versículo con el VALOR, y así poder explicar el porqué de su relación. Si el participante elige el VALOR correspondiente al versículo, pero la explicación no es correcta, el juez dará 10 puntos al equipo.

INFRACCIÓN: No es permitida la consulta, o si el público diera la respuesta correcta el juez lo indica y se descuentan 10 puntos al equipo que incurra en la infracción.

NOTA: Solo un texto debe tener relación con el versículo y 2 no. Los textos no deberán tener escrita la palabra del valor (recuerde es categoría de reflexión).

¿QUÉ SON LOS VALORES? Los valores son principios que guían nuestra vida (conducta).

LISTA DE VALORES: Generosidad, respeto, gratitud, amistad, responsabilidad, paz, solidaridad, tolerancia, honestidad, justicia, libertad, fortaleza, lealtad, integridad, perdón, bondad, humildad, perseverancia, amor, unidad, confianza.

Jesús le dijo: Si quieres ser perfecto, anda, vende lo que tienes, y dalo a los pobres, y tendrás tesoro en el cielo; y ven y sígueme. Mateo 19:21

GENEROSIDAD	RESPETO	LEALTAD

Oísteis que fue dicho: Ojo por ojo, y diente por diente. Pero yo os digo: No resistáis al que es malo; antes, a cualquiera que te hiera en la mejilla derecha, vuélvele también la otra. Mateo 5:38:39

GRATITUD	LIBERTAD	AMOR

Porque donde están dos o tres congregados en mi nombre, allí estoy yo en medio de ellos. Mateo 18:20

JUSTICIA	INTEGRIDAD	UNIDAD

Enseñándoles que guarden todas las cosas que os he mandado; y he aquí yo estoy con vosotros todos los días, hasta el fin del mundo. Amén. Mateo 28:20

BONDAD	PERSEVERANCIA	PERDÓN

BAÚL DE LOS RECUERDOS

PUNTAJE	TIEMPO	PARTICIPANTES	MODALIDAD
20 PUNTOS (10 puntos x participante)	2 minutos (1 minuto x participante)	2 por equipo	Un equipo a la vez

El moderador preparará o buscará figuras de cualquier material, para colocarlas dentro de un baúl de madera o elaborar una caja de cartón. Simulando ser un baúl. El moderador da el número de participación con las fichas o bolas de unicel e irán pasando los participantes uno por uno introduciendo la mano sin ver, cuando tenga en sus manos el objeto o figura, tendrá 2 minutos para ir narrando que le recuerda esta figura. El participante que relaciona bien su narración con la figura. El juez da 10 puntos y continua el segundo participante del mismo equipo. Narraciones obtendrán 20 puntos cada uno. El objeto que sacan del baúl queda fuera y no se vuelve a introducir al baúl.

INFRACCIÓN: Si el participante consulta con su compañero o el público, el juez descontará 10 puntos al equipo que incurra en esta infracción.

Estrella	2:2-10 24:29		Trigo	3:12, 13:24,
Miel	3:4		Semilla	13:4-38
Pan	4:3, 6:11, 7:9		Sábana	27:59
Peces	13:47, 14:17		Vaso	10:42, 20:22, 26:7
Redes	4:20-21		Corazón	5:8, 12:34, 22:37
Barca	4:21-22, 8:23		Lámparas	Cap. 25
Higuera	21:18-21, 24:32		Cruz	10:38, 16:24, 27:32-42
Corona	27:29		Ovejas	7:15, 9:36, 10:16, 18:12

BUZÓN DE CARTAS

PUNTAJE	TIEMPO	PARTICIPANTES	MODALIDAD
20 PUNTOS	1 minuto después de la lectura	Todo el equipo	Un equipo a la vez

El moderador prepara una carta con las características del personaje a descubrir. Pondrá la carta en un sobre, para cada equipo. Hará un buzón de cualquier material en el cual introducirá los sobres. El moderador dará el número de participación a cada equipo con las fichas o bolas de unicel. El moderador indica a un participante del equipo que introduzca la mano en el buzón para sacar la carta a leer. El moderador da lectura a la carta. Cuando haya terminado la lectura el equipo tiene un minuto para ponerse de acuerdo y un participante dirá a qué personaje está dirigida la carta.

NOTA: Si la respuesta es incorrecta el juez no dará los puntos. Si la respuesta es correcta el juez otorga los 20 puntos. Si hubiese empate entre los equipos se darán los 20 puntos a cada equipo.

INFRACCIÓN: Si algún participante, o el resto de los equipos, o el público está hablando durante el tiempo de la respuesta, el juez lo indica al moderador y descuenta 10 puntos al equipo que incurra en esta infracción.

EJEMPLOS:

CARTA 1

Te escribo porque sé que pronto andarás por el desierto de Judea y el río Jordán, me contaron que estarás hablando sobre el arrepentimiento y que has estudiado al profeta Isaías, supe que Jesús ira a buscarte y te envío esta carta para que estés preparado, pues él ira para que lo bautices.

Respuesta: Juan el Bautista (capitulo 3)

CARTA 2

Buenas tardes, te escribo para anticiparte que los principales sacerdotes intentan prender a Jesús, es posible que te ofrezcan unas treinta piezas de plata, espero que recibas mi carta a tiempo y que no aceptes las piezas de plata, porque seguramente te arrepentirás y las consecuencias podrían ser fatales.

Respuesta: Judas (26:14-16; 27:3-10)

CARTA 3

Te envío esta carta porque eres un hombre principal, tu hija ha estado enferma y es posible que muera, pero supe que Jesús estará cerca de tu casa en estos días, ten ánimo, ¡estoy seguro de que él hará un milagro en tu casa!

Respuesta: Jairo (9:18-26)

ORDEN DE EVENTOS

PUNTAJE	TIEMPO	PARTICIPANTES	MODALIDAD
50 PUNTOS (40 x el orden correcto y 10 x la narración)	3 minutos (1½ para ordenar 1½ para narrar)	1 por equipo	Simultánea al ordenar, un equipo a la vez al narrar.

El moderador presentará una historia gráfica dibujada en cinco escenas o eventos. Se preparan tantas historias como equipos a participar; deben ser diferentes para cada equipo. El participante deberá ordenar las escenas de acuerdo a como sucedió el evento bíblico al finalizar. El niño tiene minuto y medio para narrar la secuencia del evento.

NOTA: No se permite la consulta con el adiestrador o el resto del equipo.

INFRACCIÓN: Si el participante consulta, el juez lo indica y el moderador anula la participación en este juego únicamente.

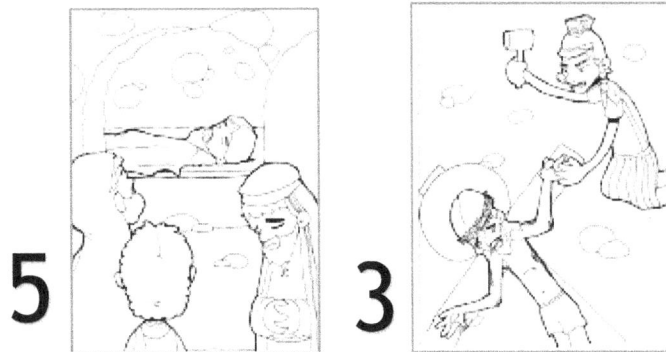

CATEGORÍA DE ARTE MANUAL

CONTESTE Y DIBUJE

PUNTAJE	TIEMPO	PARTICIPANTES	MODALIDAD
30 PUNTOS	3 minutos	5 por equipo	Un equipo a la vez

El moderador presenta un dibujo base en un pliego de papel, como: cárcel, ciudad, montañas, mar, etc., y lo pegará en la pizarra. Pondrá un marcador para cada equipo. El dibujo deberá ser diferente para cada equipo, la distancia será de 3 metros del participante a la pizarra. El moderador dará un sobre con el dibujo base, así como un cuestionario de 5 preguntas diferentes para cada equipo; los sobres vendrán numerados. Los equipos formarán una fila con 5 participantes. Cuando el moderador termine la primera pregunta, se cuenta el tiempo. Si contesta correctamente pasará a hacer un dibujo, y si el participante contesta incorrectamente no pasa a hacer ningún dibujo. El moderador continúa haciendo preguntas; terminado el tiempo, el moderador pide al equipo que un solo participante diga qué tema o evento dibujó.

LOS JUECES CALIFICAN DE ACUERDO SIGUIENTE PARÁMETRO Y ESCALA:

Claridad en el dibujo: 5-10 puntos
Dibujo que se asocie al tema de estudio: 5-10 puntos
Coordinación en espacio y tamaño: 5-10 puntos

Ejemplos:

- **El bautismo de Jesús, 3:13:17**

¿Quién bautizaba en agua para arrepentimiento?
    R. Juan el Bautista   3-11

¿Quién vino de Galilea para que Juan lo bautizara?
    R. Jesús   3-13

¿Qué le ocurrió a los cielos cuando Jesús fue Bautizado?
    R. Fueron abiertos   3-16

¿A quién vio descender Jesús como paloma y venía sobre él?
    R. El Espíritu de Dios   3-16

¿Qué decía la voz que venía del cielo?
    R. Este es mi hijo amado, en quien tengo complacencia   3-17

- Parábola del sembrador, 13:1-9
- Parábola de la oveja perdida, 18:10-14
- Jesús es ungido en Betania, 26:6-13
- Pedro niega a Jesús, 26:69-75
- Crucifixión y muerte de Jesús, 27:32-50
- La resurrección, 28:1-10

DÍGALO DIBUJANDO

PUNTAJE	TIEMPO	PARTICIPANTES	MODALIDAD
30 PUNTOS (15 puntos x participante)	2 minutos (1 para dibujar, 1 para describir)	2 por equipo	Un equipo a la vez

Cada equipo tiene dos oportunidades de participar, una por cada participante.

Debe prepararse un listado de 12 títulos de pasajes o eventos bíblicos en sobres cerrados y con el número a participar, un pliego de papel o pizarra, marcador o yeso (tiza), dividido a la mitad. Coloque el número 1 en una mitad y el 2 en la otra mitad para que hagan los dibujos en su ronda correspondiente.

El moderador da un sobre cerrado a cada equipo. En la primera ronda uno de los participantes dibuja y el otro da la respuesta del dibujo. En la segunda ronda el participante que dibujó da la respuesta del dibujo y el que dio la respuesta ahora dibuja.   El moderador recibe a los primeros participantes con su sobre cerrado y lo dará a los jueces.

El primer participante dibuja en un pliego de papel o pizarra cosas relacionadas al tema para que el otro participante del mismo equipo dé la respuesta al tema que el moderador le dio.   Si en un minuto el compañero de equipo no ha dado la respuesta, pierde su oportunidad y sigue el otro compañero que hizo el dibujo. Se procede de igual forma con los siguientes equipos hasta terminar la primera y segunda ronda.

NOTA: Los jueces otorgan 15 puntos por cada participante que descubra el tema del evento dibujado.

INFRACCIÓN: Si el público presente interrumpe diciendo alguna respuesta, se anula la participación del equipo en esa ronda y no obtiene puntos.

- La visita de los magos, 2:1-12

- El bautismo de Jesús, 3:13-17

- Llamamiento de Mateo, 9:9-13

- El hombre de la mano seca, 12:9-14

- Parábola del sembrador, 13:1-9

- Alimentación de los cinco mil, 14:1-12

- La entrada triunfal en Jerusalén, 21:1-11

- Crucifixión y muerte de Jesús, 27:32-50

- La resurrección, 28:1-10

COLLAGE

PUNTAJE	TIEMPO	PARTICIPANTES	MODALIDAD
40 PUNTOS	6 minutos (5 para elaborar el collage y 1 para explicarlo)	3 por equipo	Simultanea la elaboración y Un equipo a la vez la explicación

El moderador prepara 12 títulos en sobres cerrados, y con el número de participación para los equipos a participar. El moderador debe proporcionar una cartulina u hoja tamaño carta, tijeras, pegamento blanco, papel de diversos colores y texturas, como papel de seda, periódico, lustre etc. El moderador, con un silbato, dará inicio. Los participantes tienen 5 minutos para realizar el collage; es permitido hablar entre ellos mientras lo elaboran. Terminado el tiempo entre los 3 participantes determinan quién explicará en 1 minuto el collage realizado.

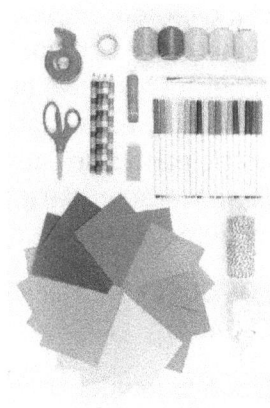

LOS JUECES CALIFICAN DE ACUERDO AL SIGUIENTE PARÁMETRO Y ESCALA:

Concordancia al tema: 5-10 puntos

Creatividad y colorimetría: 5-10 puntos

Adecuación (bueno uso) de materiales: 5-10 puntos

Explicación: 5-10 puntos

INFRACCIÓN: Se descuentan 5 puntos al equipo que esté hablando entre sí durante la explicación de alguno de los equipos participantes.

- La visita de los magos, 2:1-12

- El bautismo de Jesús, 3:13-17

- Llamamiento de Mateo, 9:9-13

- El hombre de la mano seca, 12:9-14

- Parábola del sembrador, 13:1-9

- Alimentación de los cinco mil, 14:1-12

- La entrada triunfal en Jerusalén, 21:1-11

- Crucifixión y muerte de Jesús, 27:32-50

- La resurrección, 28:1-10

TÍTERE

PUNTAJE	TIEMPO	PARTICIPANTES	MODALIDAD
30 PUNTOS	5 minutos	2 por equipo	Simultanea la elaboración y Un equipo a la vez la explicación

El moderador prepara 8 sobres con el nombre del personaje a realizar y número de participación. El moderador debe proporcionar una bolsa de papel, pegamento blanco, papel de diferentes texturas y colores lana o estambre, marcadores, tijeras por equipo. El moderador pide a los dos participantes de cada equipo que se coloquen en el suelo o en una mesa. El moderador dará inicio con el silbato, al terminar el tiempo, el moderador pide a un participante que dé la explicación en un minuto.

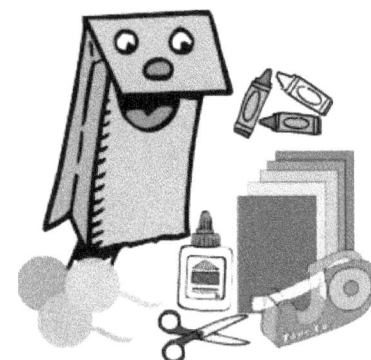

LOS JUECES CALIFICAN DE ACUERDO AL SIGUIENTE PARÁMETRO Y ESCALA:

Elaboración del títere: 5-10 puntos

Explicación: 5-10 puntos

Adecuación del material: 5-10 puntos

INFRACCIÓN: Se descuentan 5 puntos al equipo que esté hablando entre sí durante la explicación de su equipo o de otros equipos.

NOTA: Al finalizar la actividad se puede hacer la exposición para apreciar el trabajo que los niños realizaron y premiar su desempeño.

PERSONAJES:

- Jesús
- Juan el Bautista
- Mateo
- Pedro
- Judas
- Pilato
- Mujer cananea
- Simón de Cirene
- María Magdalena
- José de Arimatea

BANDERAS

PUNTAJE	TIEMPO	PARTICIPANTES	MODALIDAD
30 PUNTOS	5 minutos	2 por equipo	Simultanea la elaboración y Un equipo a la vez la explicación

El moderador prepara 8 tarjetas escribiendo el nombre del lugar o personaje bíblico del tema de estudio., colocarlos en sobres cerrados y el número de participación para explicar. El moderador debe proporcionar pliego de papel u hojas carta, papel de colores textura palos de madera o plástico de 60 cm. Pegamento blanco, tijeras, marcadores. Terminado el tiempo, el juez lo indica y deberá explicar un participante por equipo el tema de la bandera realizada.

LOS JUECES CALIFICAN DE ACUERDO AL SIGUIENTE PARÁMETRO Y ESCALA:

Elaboración de la bandera: 5-10 puntos

Explicación: 5-10 puntos

Adecuación del material: 5-10 puntos

INFRACCIÓN: Si durante la explicación, algún participante o el público está hablando se descuentan 10 puntos al equipo que incurra en esta infracción.

TEMAS:

- **El desierto, 3:1-3, 4:1, 11:7, 14:15, 15:33**
- **El río Jordán, 3:5, 6, 13; 4:15, 25; 19:1**
- **El mar de Galilea, 4:15,18, 15:29**
- **Betania, 21:17; 26:6**
- **Getsemaní, 26:36**
- **Gólgota, 27:33**

EJEMPLO: Se les indica a los participantes que deberán realizar una bandera utilizando los materiales que se les proporcione (papel de colores, media cartulina blanca, palo de madera de 60cm, pegamento, cinta adhesiva, marcadores, etc.). Se elaboran sobres para tantos equipos a participar y se escribe en ellos el nombre de un lugar, o personaje bíblico del tema de MEBI, el cual ya habrá sido estudiado con anterioridad. Los participantes, al escuchar el silbato, deberán empezar a realizar la bandera en la cual deberán simbolizar los valores de cada personaje o lugar. Al finalizar la bandera deberán explicar lo que plasmaron en ella.

CATEGORÍA DE ACTUACIÓN

DÍGALO CON MÍMICA

PUNTAJE	TIEMPO	PARTICIPANTES	MODALIDAD
25 PUNTOS	2 minutos	5 por equipo	Un equipo a la vez

El moderador prepara 10 títulos o pasajes bíblicos en tarjetas, en sobres cerrados y número de participación. Los sobres no serán abiertos hasta que participen. El número de participación debe ir al exterior del sobre. El participante que elija el sobre deberá efectuar la mímica a sus 4 compañeros restantes teniendo 2 minutos para dar la respuesta correcta.

El juez otorga 25 PUNTOS al equipo que conteste correctamente. Si el equipo contestara incorrectamente el juez lo indica y no da puntuación. El moderador deberá decir la respuesta correcta en voz alta.

INFRACCIÓN: Si el público presente interrumpe diciendo alguna respuesta, el juez anulará la participación del equipo en esa oportunidad y no obtiene puntos.

TÍTULOS:

- La visita de los magos, 2:1-12

- El bautismo de Jesús, 3:13-17

- Llamamiento de Mateo, 9:9-13

- El hombre de la mano seca, 12:9-14

- Parábola del sembrador, 13:1-9

- Alimentación de los cinco mil, 14:1-12

- La entrada triunfal en Jerusalén, 21:1-11

- Crucifixión y muerte de Jesús, 27:32-50

- La resurrección, 28:1-10

DECLAMACIÓN

PUNTAJE	TIEMPO	PARTICIPANTES	MODALIDAD
50 PUNTOS	1 minutos	2 por equipo	Un equipo a la vez

El moderador deberá dar el número de participación con las fichas o bolas de unicel. El moderador inicia con el equipo a participar. En un minuto debe presentar el equipo su poema.

LOS JUECES CALIFICAN DE ACUERDO AL SIGUIENTE PARÁMETRO Y ESCALA:

Ademanes	5-10 puntos
Coordinación entre los 2 participantes	5-10 puntos
Entonación	5-10 puntos

El poema deberá estar elaborado por el equipo:

Tener letra inédita	5-10 puntos
Tema relacionado con el estudio	5-10 puntos

Duración de 1 minuto 3 estrofas

EJEMPLO:

Alzo mis ojos y veo de lejos

Un hombre saliendo del desierto

Parece cansado, lleno de arena

Pero su semblante es de victoria

Convierte los panes en piedra,

Todas estas ciudades te daré

Le ofrecía el enemigo, pero él no claudicó

Cada vez con palabra de Dios le respondió.

Es Jesús mi salvador

Cuarenta días y cuarenta noches ayunó

Venció la tentación y los ángeles le servían

He aquí conozcan a Jesús mi salvador.

ACRÓSTICO (JUEGO NUEVO)

PUNTAJE	TIEMPO	PARTICIPANTES	MODALIDAD
50 PUNTOS	5 minutos	2 por equipo	Simultaneo para hacer el acróstico y Un equipo a la vez para la demostración.

El moderador prepara en sobres nombres de personajes del tema estudiado, le entrega un sobre a cada equipo con un nombre de personaje diferente, se les entrega una cartulina y los participantes deben hacer un acróstico, la presentación del mismo debe de ser recitada por los dos participantes del equipo.

LOS JUECES CALIFICAN DE ACUERDO AL SIGUIENTE PARÁMETRO Y ESCALA:

Ademanes   5-10 puntos

Coordinación entre los 2 participantes   5-10 puntos

Entonación   5-10 puntos

Creatividad   5-10 puntos

Tema relacionado con el estudio   5-10 puntos

PERSONAJES:

- **Jesús**
- **Mateo**
- **Pedro**
- **Andrés**
- **Jacobo**
- **Pilato**
- **Simón**
- **María**
- **Felipe**
- **Tomás**

EJEMPLO:

M ientras veo al maestro

A prendo mucho de él

T odo su amor vino a dar para

E l mundo entero salvar

O bediente le sigo y el sirvo hasta el final

DRAMATIZACIÓN

PUNTAJE	TIEMPO	PARTICIPANTES	MODALIDAD
50 PUNTOS	5 minutos	Todo el equipo	Un equipo a la vez

El moderador prepara un listado de eventos en tarjetas, con un sobre cerrado y número de participación. El moderador da el inicio para contar los 5 minutos para que los equipos se pongan de acuerdo a presentar el drama, trayéndolo a nuestro año actual. El moderador da la oportunidad al adiestrador de cada equipo para asesorarlos en esta actividad. Al terminar el tiempo de 5 minutos, el moderador indica que se retiren los adiestradores, dejando solo a su equipo para la presentación del drama.

Es importante tomar en cuenta que, el vestuario, decoración y escenografía, la deben conseguir en ese momento. El moderador ve el número de participación y los equipos deberán ir alternándose para su participación.

LOS JUECES CALIFICAN DE ACUERDO AL SIGUIENTE PARÁMETRO Y ESCALA:

Participación de todo el equipo	5-10 puntos
La capacidad de representación	5-10 puntos
La fluidez del diálogo	5-10 puntos
El uso de los recursos disponibles (escenografía)	5-10 puntos
La conservación de la enseñanza	5-10 puntos

INFRACCIÓN: Se descuentan 10 puntos al equipo que esté hablando en la presentación de los equipos a participar o el público presente.

TEMAS:

- La visita de los magos, 2:1-12
- El bautismo de Jesús, 3:13-17
- Llamamiento de Mateo, 9:9-13
- El hombre de la mano seca, 12:9-14
- Parábola del sembrador, 13:1-9
- Alimentación de los cinco mil, 14:1-12
- La entrada triunfal en Jerusalén, 21:1-11
- Crucifixión y muerte de Jesús, 27:32-50
- La resurrección, 28:1-10

ÚLTIMA HORA

PUNTAJE	TIEMPO	PARTICIPANTES	MODALIDAD
20 PUNTOS	4 minutos (3 para ponerse de acuerdo, 1 para dar la noticia)	4 por equipo	Un equipo a la vez

El moderador prepara tarjetas con un listado de eventos o pasaje bíblico, en sobres cerrados y número de participación en el exterior del sobre. El moderador dará el sobre a escoger, una hoja tamaño carta y un lápiz o lapicero para que se escriba la noticia, la cual deberá ser una cápsula informativa. Dependerá del equipo redactarla lo más creativa e interesante posible. En 3 minutos, terminado el tiempo el juez lo indica y el moderador ve el número de participación por equipos para poder leer en voz alta. Solo pasará a leer un participante de cada equipo en un minuto su cápsula informativa.

LOS JUECES CALIFICAN DE ACUERDO AL SIGUIENTE PARÁMETRO Y ESCALA:

Creatividad   5-10 puntos

Fluidez del diálogo   5-10 puntos

Se le proporciona un evento de la historia o pasaje bíblico. Deberán organizarse de manera que realicen una cápsula informativa para dar la noticia en la forma más creativa y rápida al resto del público. La noticia debe ser informativa.

TEMAS:

- Tentación de Jesús, 4:1-11
- Jesús sana al siervo de un centurión, 8:5-13
- Jesús sana a la suegra de Pedro, 8:14-17
- Jesús calma la tormenta, 8:23-27
- Jesús sana a un paralitico, 9:1-8
- Dos ciegos reciben la vista, 9:21-31
- Alimentación de los cinco mil, 14:13-21
- Muerte de Judas, 27:3-10
- Crucifixión y muerte de Jesús, 27:46-54
- La resurrección, 28:1-10

CATEGORÍA DE MÚSICA

CANTO INÉDITO

PUNTAJE	TIEMPO	PARTICIPANTES	MODALIDAD
50 PUNTOS	3 minutos	Todo el equipo	Un equipo a la vez

Cada equipo debe presentar una canción, la cual será cantada por todo el equipo y se calificará la creatividad de la presentación, por lo que pueden presentarla con una coreografía o mímicas, etc.

La canción debe tener:

1. Letra inédita (inventada por el equipo)

2. Letra relacionada con el tema del esgrima.

3. Música no necesariamente inédita, (utilizada en el medio cristiano)

4. Dos estrofas como mínimo, cuatro máximo.

5. Tiempo máximo de duración tres minutos.

LOS JUECES CALIFICAN DE ACUERDO AL SIGUIENTE PARÁMETRO Y ESCALA:

Letra inédita	5-10 puntos
Letra relacionada con el tema del esgrima	5-10 puntos
Música (entonación, armonía)	5-10 puntos
Creatividad en la presentación	5-10 puntos
Participación del equipo completo	5-10 puntos

El canto puede ser presentado en cada demostración para ir mejorando esta categoría.

CANTANDO EL TEXTO

PUNTAJE	TIEMPO	PARTICIPANTES	MODALIDAD
20 PUNTOS	1 minutos	Todo el equipo	Un equipo a la vez

El moderador, prepara tarjetas con varias citas bíblicas en sobres cerrados y número de participación. El moderador da el inicio con el silbato y los equipos tienen un minuto para ver el texto y ponerse de acuerdo en ritmo, y movimientos.

LOS JUECES CALIFICAN DE ACUERDO AL SIGUIENTE PARÁMETRO Y ESCALA:

Entonación y armonía   5-10 puntos

Creatividad en la presentación   5-10 puntos

INFRACCIÓN: Si algún equipo está hablando cuando otro equipo está participando, el juez lo indica y se descuentan 10 puntos al equipo que incurra en esta infracción.

TEXTOS A MEMORIZAR

He aquí, una vírgen concebirá y dará a luz un hijo, y llamarás su nombre Emanuel, que traducido es: Dios con nosotros.	1:23
Y Jesús, después de que fue bautizado, subió luego del agua; y he aquí los cielos le fueron abiertos, y vio al Espíritu de Dios que descendía como paloma, y venía sobre él.	3:16
El respondió y dijo: Escrito está: No sólo de pan vivirá el hombre, sino de toda palabra que sale de la boca de Dios.	4:4
Desde entonces, empezó Jesús a predicar, y a decir: Arrepentíos, porque el reino de los cielos se ha acercado.	4:17
Bienaventurados los de limpio corazón, porque ellos verán a Dios.	5:8
Vosotros sois la luz del mundo, una ciudad asentada sobre un monte no se puede esconder.	5:14
Mas buscad primeramente el reino de Dios y su justicia, y todas estas cosas os serán añadidas.	6:33
porque estrecha es la puerta, y angosto el camino que lleva a la vida, y pocos son los que la hallan.	7:14
Todo árbol que no da buen fruto, es cortado y echado en el fuego, Así que, por sus frutos los conoceréis.	7:19-20
Entonces dijo a sus discípulos: A la verdad la mies es mucha, más los obreros pocos. Rogad, pues, al Señor de la mies, que envíe obreros a su mies.	9:37-38
El que halla su vida, la perderá; y el que pierde su vida por causa de mí, la hallará.	10:39
Venid a mí todos los que estáis trabajados y cargados, y yo os haré descansar.	11:28
El hombre bueno, del buen tesoro del corazón saca buenas cosas; y el hombre malo, del mal tesoro saca malas cosas.	12:35
y le rogaban que les dejase tocar solamente el borde de su manto; y todos los que lo tocaron, quedaron sanos	14:36

Pero lo que sale de la boca, del corazón sale; y esto contamina al hombre	15:18
Respondiendo Simón Pedro, dijo: Tú eres el Cristo, el Hijo del Dios viviente	16:16
Entonces Jesús dijo a sus discípulos: Si alguno quiere venir en pos de mí, niéguese a sí mismo, y tome su cruz, y sígame.	16:24
y dijo: De cierto os digo, que, si no os volvéis y os hacéis como niños, no entraréis en el reino de los cielos.	18:3
Y mirándolos Jesús, les dijo: Para los hombres esto es imposible; más para Dios todo es posible.	19:26
como el Hijo del Hombre no vino para ser servido, sino para servir, y para dar su vida en rescate por muchos.	20:28
Y la gente que iba delante y la que iba detrás aclamaba, diciendo: !!Hosanna al Hijo de David! !!Bendito el que viene en el nombre del Señor! !!Hosanna en las alturas!	21:9
Jesús le dijo: Amarás al Señor tu Dios con todo tu corazón, y con toda tu alma, y con toda tu mente.	22:37
y por haberse multiplicado la maldad, el amor de muchos se enfriará. Mas el que persevere hasta el fin, éste será salvo.	24:12-13
Velad, pues, porque no sabéis el día ni la hora en que el Hijo del Hombre ha de venir.	25:13
Yendo un poco adelante, se postró sobre su rostro, orando y diciendo: Padre mío, si es posible, pase de mí esta copa; pero no sea como yo quiero, sino como tú.	26:39
Mas el ángel, respondiendo, dijo a las mujeres: No temáis vosotras; porque yo sé que buscáis a Jesús, el que fue crucificado. No está aquí, pues ha resucitado, como dijo. Venid, ved el lugar donde fue puesto el Señor.	28:5-6
Por tanto, id, y haced discípulos a todas las naciones, bautizándolos en el nombre del Padre, y del Hijo, y del Espíritu Santo; enseñándoles que guarden todas las cosas que os he mandado; y he aquí yo estoy con vosotros todos los días, hasta el fin del mundo. Amén.	28:19-20

CUESTIONARIO

CAPITULO 1

1. **¿De quién era descendiente Jesús?**
   R. Abraham (hijo de David hijo de Abraham) 1:1
2. **¿A quién engendró Abraham?**
   R. Isaac   1:2
3. **¿Quién engendró a Isaac?**
   R. Abraham
4. **¿Isaac a quien engendró?**
   R. Jacob 1:2
5. **¿A quién engendró Jacob?**
   R. A Judá y a sus hermanos 1:2
6. **¿Cuántas generaciones hay desde Abraham hasta David?**
   R. 14 generaciones   1: 17
7. **¿Cuántas generaciones hay de David hasta la deportación a Babilonia?**
   R. 14 generaciones   1: 17
8. **¿Cuántas generaciones hay de Babilonia hasta Cristo?**
   R. 14 generaciones. 1:17
9. **¿Cómo fue el nacimiento de Jesús?**
   R. Estando desposada María su madre con José, antes que se juntasen se halló que había concebido del Espíritu Santo.   1:18
10. **¿Cómo se llama el marido de María la madre de Jesús?**
    R. José   1:18
11. **¿Qué significa el nombre de Jesús?**
    R. Salvador   1:21
12. **¿Qué quiere decir Emanuel?**
    R.Dios con nosotros   1:23

CAPITULO 2

13. **¿En dónde nació Jesús?**
    R. En Belén de Judea   2:1
14. **¿Quién era el Rey cuando Jesús nació?**
    R. Herodes 2:1
15. **¿Quiénes vinieron del Oriente?**
    R. unos magos   2:1
16. **¿Qué presentes le ofrecieron los magos al niño?**
    R. Oro, incienso y mirra 2:11

CAPITULO 3

17. **¿Quién estaba predicando en el desierto de Judea?**
    R. Juan el Bautista   3:1
18. **¿Qué predicaba Juan el Bautista en el desierto de Judea?**
    R. Arrepentíos porque el reino de los cielos se ha acercado 3:2
19. **¿Quién comía langostas y miel silvestre?**
    R. Juan el Bautista   3:4
20. **¿Cómo vestía Juan el Bautista y que tenía alrededor de sus lomos?**
    R. vestido de pelo de camello y un cinto de cuero   3:4

21. **¿Según Juan el Bautista, que pasa a todo árbol que no da buen fruto?**
R. Es cortado y echado en el fuego   3:10
22. **¿Quién vino de Galilea para que Juan lo bautizara?**
R. Jesús   3:13
23. **¿Qué le ocurrió a los cielos cuando Jesús fue Bautizado?**
R. Fueron abiertos   3:16
24. **¿A quién vio descender Jesús como paloma y venía sobre él?**
R. El Espíritu de Dios   3:16
25. **¿Qué decía la voz que venía del cielo?**
R. Este es mi hijo amado, en quien tengo complacencia   3:17

CAPITULO 4
26. **¿Para qué fue llevado Jesús por el Espíritu al desierto?**
R. Para ser tentado por el diablo   4:1
27. **¿Cuánto tiempo ayunó Jesús en el desierto?**
R. 40 días y 40 noches   4:2
28. **¿Qué les dijo Jesús a Pedro y Andrés?**
R. Venid en pos de mí, y os haré pescadores de hombres 4:19
29. **¿Qué oficio tenían Pedro y Andrés?**
R. Eran pescadores   4:18
30. **¿Después que le siguieron Pedro y Andrés Jesús encontró a otros dos hermanos quiénes son?**
R. Jacobo y Juan 4:21
31. **¿Qué hacían Jacobo, Juan y su Padre Zebedeo?**
R. Remendaban sus redes   4:21

CAPITULO 5
32. **Cuándo Jesús subió al monte ¿quiénes llegaron a él?**
R. Sus discípulos 5:1
33. **De acuerdo al Sermón del Monte, ¿A quiénes pertenecen el reino de los cielos?**
R. A los pobres en espíritu   5:3
34. **¿Qué promesa hay para los que lloran en Mateo 5:4?**
R. Que recibirán consolación   5:4
35. **¿Quiénes recibirá la tierra por heredad?**
R. Los mansos   5:5

CAPITULO 6
36. **¿En dónde ordena Jesús que oremos?**
R. En nuestro aposento (nuestra recamara) 6:6
37. **¿Cuándo oremos que no debemos usar?**
R. Vanas palabrerías como los gentiles   6:7
38. **¿Quién sabe de qué necesidades tenemos antes de que lo pidamos?**
R. Vuestro Padre que está en los cielos   6:8

CAPITULO 7
39. **Completa la frase del versículo 7.7, ¨ Pedid.......**
R. Y se os dará, buscad, y hallares: llamad y se os abrirá   7:7
40. **¿Quién dará cosas buenas a los que lo pidan?**
R. nuestro Padre que está en los cielos   7:11

41. **¿Así que todo buen fruto da?**
    R. Buenos frutos 7:15
42. **¿En qué forma enseña Jesús?**
    R. Con autoridad   7:29

CAPITULO 8
43. **¿Qué sucedió cuando Jesús entró a la barca?**
    R. sus discípulos le siguieron   8:23
44. **¿Qué se levantó en el mar cuando Jesús dormía?**
    R. Una tempestad   8:24
45. **Cuando despertaron a Jesús ¿qué le dijeron sus discípulos?**
    R. Sálvanos que perecemos   8:25
46. **¿Cuál fue la respuesta de Jesús cuando lo despertaron?**
    R. ¿Por qué teméis, hombres de poca fe?   8:26
47. **¿A quiénes dijo Jesús, "Hombres de poca fe?**
    R. a sus discípulos   8:26

CAPITULO 9
48. **¿Qué le dijo un hombre principal y se postro ante Jesús?**
    R. Mi hija acaba de morir, más ven y pon tu mano sobre ella, y vivirá   9:18
49. **¿Qué enfermedad tenía la mujer que tocó a Jesús?**
    R. Enferma de flujo   9:19
50. **¿Cuántos años hacia que la mujer estaba enferma y que toco el borde del manto de Jesús?**
    R. 12 Años 9:20
51. **¿Qué decía la mujer dentro de sí?**
    R. Si tocare solamente tu manto, seré salva.
52. **¿Qué dijo Jesús cuando la mujer lo tocó?**
    R. Ten ánimo, hija; tu fe te ha salvado   9:22
53. **Cuando Jesús entro a la casa del principal, había gran alboroto ¿Qué dijo Jesús?**
    R. Apartaos, porque la niña no está muerta, sino duerme.   9:24

CAPITULO 10
54. **¿Quién hablaría por los discípulos cuando fuesen entregados a reyes y príncipes?**
    R. El Espíritu de Dios   10:18:19
55. **¿Por qué causa los discípulos de Jesús serían aborrecidos?**
    R. Por causa de su nombre   10:22
56. **¿Qué hará el Señor con quienes le confiesen delante de los hombres?**
    R. El les confesará delante de su Padre que está en los cielos   10:32
57. **¿A quiénes negará el Señor delante de su Padre que está en los cielos?**
    R. A los que le nieguen delante de los hombres   10:33
58. **¿Qué dijo Jesús respecto a los que aman padre o madre más que a él?**
    R. Que no son dignos de él   10:38
59. **¿Qué debemos hacer para ser dignos de él?**
    R. Tomar nuestra cruz y seguirle   10:38

CAPITULO 11
60. **¿Dónde se encontraba Juan el Bautista cuando Jesús andaba Predicando en las ciudades?**
    R. en la cárcel. 11:1
61. **¿Qué hizo Juan el Bautista al oír los hechos de Jesús?**
    R. le envió a dos de sus discípulos   11:2

62. **¿Por quién fue encarcelado Juan el Bautista?**
    R. Por el rey Herodes   11:2
63. **¿Por qué fue encarcelado Juan el Bautista?**
    R. Por criticar en público el pecado de Herodes   11:2:3
64. **¿Para qué envió Juan el Bautista a dos de sus discípulos?**
    R. Para peguntarle; ¿eres tú aquel que había de venir o esperaremos a otro?   11:3
65. **¿Qué le respondió Jesús a los dos discípulos que envió Juan el Bautista?**
    R. Id y haced saber a Juan las cosas que oís y veis 11:4
66. **¿A quiénes es anunciado el Evangelio de Jesús?**
    R. a los enfermos y pobres   11:5
67. **¿Quién dijo bienaventurado es el que no halle tropiezo en mí?**
    R. Jesús   11:6

CAPITULO 12
68. **Jesús y sus discípulos pasaban por unos sembradíos en día de reposo ¿qué sintieron?**
    R. Hambre   12:1
69. **¿Qué hicieron los discípulos al tener hambre?**
    R. comenzaron a arrancar espigas y comieron 12:2
70. **¿Qué le dijeron los Fariseos a Jesús cuando vieron que los discípulos comían en el día de reposo?**
    R. He aquí tus discípulos hacen lo que no es lícito hacer en el día de reposo   12:2
71. **¿Quiénes podían comer solamente en el día de reposo?**
    R. los sacerdotes   12:4
72. **¿Quién es Señor del día de reposo?**
    R. El Hijo del hombre (Jesús) 12:8

CAPITULO 13
73. **¿El reino de los cielos a que es semejante?**
    R. a un hombre que sembró buena semilla en su campo   13:24
74. **¿Quién vino cuando dormían los hombres?**
    R. vino su enemigo y sembró cizaña   13:25
75. **¿Entre quién sembró cizaña el enemigo?**
    R. entre el trigo   13:25
76. **¿Quién apareció cuando salió la hierba y dio fruto?**
    R. la cizaña   13:26
77. **¿Qué le preguntaron a Jesús los siervos sobre la buena semilla que sembró en el campo?**
    R. ¿De dónde, pues tiene cizaña? 1313:27
78. **¿Qué les contestó Jesús a los siervos sobre la cizaña que había crecido junto al trigo?**
    R. Un enemigo ha hecho esto   13:28
79. **¿Qué contestaron los siervos a Jesús por lo que había hecho el enemigo en campo?**
    R. ¿Quieres pues que vayamos y la arranquemos?   13:28
80. **¿Qué les respondió Jesús a los siervos que querían arrancar la cizaña?**
    R. No, no sea que al arrancar la cizaña, arranquéis también con ella el trigo   13:29

CAPITULO 14
81. **¿A dónde se fue Jesús cuando oyó acerca de la muerte de Juan el Bautista?**
    R. Se apartó a un lugar desierto y apartado   14:13
82. **Y la gente le siguió a Jesús a pie desde las ciudades, Y al ver Jesús la multitud que le seguía ¿qué sintió, y que hizo por ellos?**
    R. Compasión de ellos y sanó a los que estaban enfermos   14:14

83. **Cuándo los discípulos le dijeron a Jesús que los despidiera ¿Qué les contesto?**
    R. No tienen necesidad de irse; dadle de vosotros de comer. 14:16
84. **¿Qué tenían solamente los discípulos para darles de comer a la multitud?**
    R. Cinco panes y dos peces   14:17
85. **¿Qué hizo Jesús con los cinco panes y dos peces?**
    R. levantando los ojos al cielo, bendijo y partió y dio a sus discípulos y los discípulos a la multitud 14:19
86. **Cuando hubieron comido y saciado ¿que hicieron los discípulos?**
    R. Recogieron lo que sobró y llenaron doce cestas   14:20
87. **¿Cuántos hombres comieron sin contar las mujeres y los niños?**
    R. Cinco mil hombres   14:21

CAPITULO 15
88. **¿A qué región salió Jesús después de hablar de lo que contamina al hombre?**
    R. a la región de Tiro y Sidón 15:21
89. **¿Cuál era el problema de la mujer cananea que clamaba al Señor?**
    R. Su hija era gravemente atormentada por un demonio   15:22
90. **¿Qué hizo Jesús ante el clamor de la mujer cananea?**
    R. No le respondió palabra   15:23
91. **¿Qué le rogaron a Jesús los discípulos?**
    R. Que la despidiera, pues da voces tras nosotros   15:23
92. **¿A quiénes era enviado Jesús?**
    R. a las ovejas perdidas.   15:24
93. **¿Qué le dijo la mujer cananea a Jesús?**
    R. ¡Señor socórreme!   15:25

CAPITULO 16
94. **¿Cómo pagará Dios a cada una de las personas?**
    R. conforme a sus obras 16:27
95. **¿Dónde estaban Jesús y sus discípulos cuando Jesús dijo ¨el Hijo del Hombre será entregado en manos de hombres¨?**
    R. en Galilea 17:22
96. **¿En qué día iba a resucitar Jesús?**
    R. al tercer día   17:23
97. **¿Qué sintieron sus discípulos al escuchar que Jesús iba a morir?**
    R. Se entristecieron en gran manera 17:23

CAPITULO 18
98. **¿A quién vino a buscar el Hijo del Hombre?**
    R. Vino a buscar lo que se había perdido 18:11
99. **¿Qué hace un hombre que tiene 100 ovejas y pierde una?**
    R. Deja a las noventa y nueve y va a buscar a la perdida   18:12
100. **¿Qué hace el hombre que encuentra a la oveja descarriada?**
    R. se alegra por ella 18:13

CAPITULO 19
101. **¿Para qué le fueron presentados unos niños a Jesús?**
    R. Para que pusiese las manos sobre ellos y orase por ellos   19:13
102. **¿Qué hicieron los discípulos al ver que los niños se le acercaron a Jesús?**
    R. Los reprendieron 19:13

103. **¿Qué pidió Jesús que dejaran hacer a los niños?**
R. Que los dejaran venir a él porque de ellos es el reino de los cielos 19:14

CAPITULO 20
104. **¿Hacia dónde subió Jesús con sus discípulos cuando les dijo: ¿El Hijo del Hombre será entregado a los principales sacerdotes y escribas?**
R. a Jerusalén 20:17
105. **¿Para qué iba ser entregado Jesús a los gentiles y cuándo resucitaría?**
R. Para que le escarnezcan, le azoten y le crucifiquen y al tercer día resucitará 20:19

CAPITULO 21
106. **¿Qué hizo Jesús Con los que vendían en el templo?**
R. Los echó fuera a todos y volcó las mesas de los cambistas y las sillas de los que vendían palomas. 21:12
107. **Di de memoria el versículo 13 de Mateo 21**
R. ¨Y les dijo escrito está. Mi casa, casa de oración será llamada, más vosotros la habéis hecho cueva de ladrones 21:13
108. **¿Cuándo Jesús purificó el templo a quiénes sanó?**
R. A ciegos y cojos 21:14
109. **¿Quiénes se indignaron cuando veían las maravillas que hacía Jesús?**
R. Los principales sacerdotes y los escribas 21:15
110. **¿Sobre quiénes se perfecciona la alabanza?**
R. De la boca de los niños y de los que maman 21:16
111. **¿Después de estar en la purificación del templo a dónde se fue Jesús?**
R. a Betania 21:17

CAPITULO 22
112. **¿Quiénes vinieron a Jesús diciendo que no hay resurrección?**
R. Los saduceos 22:23
113. **¿Cómo dice Jesús que seremos en la resurrección de los muertos?**
R. Cómo los ángeles de Dios en el cielo 22:30
114. **¿Qué dijo Dios de sí mismo?**
R. ¨Yo soy el Dios de Abraham, de Isaac y de Jacob¨ ¡Y él no es Dios de muertos, sino de vivos! 22:32

CAPITULO 24
115. **¿Qué sucederá después de la tribulación?**
R. El sol se oscurecerá y la luna no dará su resplandor y las estrellas caerán del cielo 24:29
116. **¿Qué sucederá con todas las tribus de la tierra cuando sea la venida del Hijo del Hombre?**
R. Se lamentarán 24:30
117. **¿Cómo verán al Hijo del Hombre venir del cielo?**
R. Sobre las nubes del cielo, con poder y gran gloria 24:30
118. **¿A quiénes enviará Jesús para juntar a sus escogidos en su venida?**
R. A sus ángeles con gran voz de trompeta 24:31
119. **¿Di de memoria el versículo 35 de Mateo 24?**
R. ¨El cielo y la tierra pasarán, pero mis palabras no pasarán 24:35
120. **¿Quién solo sabe el día y la hora en que vendrá Jesús por segunda vez?**
R. Sólo el Padre (Dios) 24:36
121. **¿Cómo en los días de quién será la venida de Jesús?**
R. Como los de Noé 24:37

122. **¿Por qué debemos velar?**
R. Porque no sabéis a qué hora ha de venir vuestro Señor   24:42
123. **¿Por qué debemos estar preparados para la segunda venida de Jesús?**
R. Porque no sabemos la hora que ha de venir   24:44

CAPITULO 25
124. **¿Con qué es comparado un hombre que se fue lejos y llamó a sus siervos y entregó sus bienes?**
R. Al reino de los cielos 25:14
125. **¿Cómo repartió el hombre sus talentos?**
R. Al primer siervo le dio 5 talentos, al segundo siervo 2 talentos, y al tercer siervo le dio 1 talento 25:15
126. **¿Qué hizo el siervo que recibió 5 talentos y cuánto ganó?**
R. Hizo negocio y ganó otros 5 talentos   25:16

CAPITULO 26
127. **¿En casa de quién estuvo Jesús cuando estaban en Betania?**
R. de Simón el leproso   26:6
128. **¿Qué hizo la mujer que llegó a Casa de Simón el leproso con Jesús?**
R. Derramó el alabastro de perfume desde la cabeza de Jesús   26:7
129. **¿Por qué se enojaron los discípulos cuando la mujer derramó el alabastro sobre Jesús?**
R. Porque dijeron que era un desperdicio   26:8
130. **¿Por qué pensaban los discípulos que era un desperdicio el Alabastro derramado en Jesús**
R. Porque lo podían haber vendido a gran precio y dárselo a los pobres   26:9
131. **¿Qué dijo Jesús que había hecho la mujer que derramó el perfume de Alabastro?**
R. Había hecho una buena obra 26:10
132. **¿Para qué la mujer había derramado el perfume de Alabastro en Jesús?**
R. Para prepararlo, para la sepultura   26:12

CAPITULO 27
133. **¿Quién ayudó a llevar la cruz de Jesús?**
R. Un hombre llamado Simón de Cirene 27:32
134. **¿En lugar iba hacer crucificado Jesús?**
R. En el Gólgota 27.33
135. **¿Qué significa Gólgota?**
R. Lugar de la calavera   27:33
136. **¿Qué le dieron de beber a Jesús en el Gólgota?**
R. vinagre mezclado con hiel 27:34
137. **¿Cuál era la escritura que pusieron sobre la cabeza de Jesús cuando lo crucificaron?**
R. ESTE ES JESÚS EL REY DE LOS JUDÍOS 27:37
138. **¿Cuántos ladrones crucificaron junto a Jesús?**
R. A dos   27:38
139. **¿Qué sucedió a la hora sexta cuando crucificaron a Jesús?**
R. Hubo tinieblas sobre toda la tierra hasta la hora novena   27:45

CAPITULO 28
140. **¿Quiénes vinieron al sepulcro pasado el día de reposo?**
R. María Magdalena y la otra María   28:1
141. **¿Quién removió la piedra del sepulcro?**
R. Un Ángel   28:2

142. **¿Cómo era el aspecto del ángel que removió la piedra del sepulcro?**
R. Como un relámpago y su vestido blanco como la nieve   28:3

143. **¿A demás de   miedo y temblor cómo quedaron los guardias al ver al ángel?**
R. Como muertos 28:4

144. **¿Qué dijo el ángel a las mujeres que buscaban a Jesús en el sepulcro?**
R. No temáis, no está aquí pues ha resucitado   28:6

145. **¿Qué hicieron las mujeres cuando el se las encontró en el camino y les dijo ¡salve!?**
R. Ellas se le acercaron, abrazaron sus pies y le adoraron   28:9

146. **¿A qué monte había ordenado Jesús que fueran los discípulos después de su resurrección?**
R. A Galilea   28:16

147. **¿Qué hicieron los discípulos cuando vieron a Jesús resucitado?**
R. Le adoraron   28:17

148. **¿Dónde le es dada la potestad a Jesús?**
R. En el cielo y en la tierra   28:18

149. **¿Qué debemos hacer con las cosas que nos a mandado Dios?**
R. Guardarlas   28:20

150. **¿Hasta cuándo estará Jesús con nosotros?**
R. Hasta el fin del mundo   28:26

www.ingramcontent.com/pod-product-compliance
Lightning Source LLC
Chambersburg PA
CBHW081230020426
42331CB00012B/3105